余达淮 等——著

纵五湖棹

南京师范大学出版社

图书在版编目（CIP）数据

纵五湖棹/余达淮等著． —南京：南京师范大学出版社，2020.12
ISBN 978-7-5651-4503-2

Ⅰ．①纵… Ⅱ．①余… Ⅲ．①社会科学－文集 Ⅳ．① C53

中国版本图书馆 CIP 数据核字（2020）第 030555 号

书　　名	纵五湖棹
作　　者	余达淮 等
责任编辑	刘娟娟
出版发行	南京师范大学出版社
地　　址	江苏省南京市玄武区后宰门西村 9 号（邮编：210016）
电　　话	（025）83598919（总编办） 83598412（营销部） 83373872（邮购部）
网　　址	http://press.njnu.edu.cn
电子信箱	nspzbb@njnu.edu.cn
照　　排	南京凯建文化发展有限公司
印　　刷	江苏凤凰数码印务有限公司
开　　本	880 毫米 ×1230 毫米　1/32
印　　张	7.625
字　　数	161 千
版　　次	2020 年 12 月第 1 版　2020 年 12 月第 1 次印刷
书　　号	ISBN 978-7-5651-4503-2
定　　价	58.00 元
出 版 人	张志刚

南京师大版图书若有印装问题请与销售商调换
版权所有　侵犯必究

大冢真言：開道德資本，終攀勝果

徒再耀金陵，宏門正學，養文章信

錫兄誇壽賀
己亥 俊人題

万俊人教授贺辞

奔 放

恩 爱

恩 惠

恩 泽

烈日灼心

恩 情

渡 雁

胡杨趣

山河之哺——阿尔卑斯山脉

山河之哺——格鲁吉亚

山河之哺——阿塞拜疆

山河之哺——极光

山河之哺——马丘比丘

山河之哺——新疆

山河之哺——腾冲

注：本书大部分风景照为郭建新老师所摄。

王小锡教授

王小锡教授学术研究照

王小锡教授与罗国杰教授、夏伟东教授在南京师范大学召开的
全国首届经济伦理学学术研讨会（2000年）上

王小锡教授和妻子郭建新教授与罗国杰先生

王小锡教授与美国著名经济伦理学家狄乔治教授在第六届国际企业、经济学和伦理学学会世界大会（ISBEE）上

王小锡教授和张霄副教授与日本经营伦理学会会长高桥浩夫教授在东京合影

王小锡教授与美国著名哲学家艾伦吉伯德教授学术对话后合影

王小锡教授与导师唐凯麟教授

王小锡自选集《道德资本与经济伦理》研讨会合影

与罗国杰先生合影

"中国经济伦理思想通史研究"开题报告会合影

中国经济伦理学会成立大会暨第四次全国经济伦理学学术研讨会合影

序

余达淮

一篇篇洋溢着师生之情、回忆当年在随园的灿烂日子的文章，勾起我对人生的念想、慨叹与彷徨。随园沧桑，短歌怀旧，林中路有故园情，亦师亦兄之谊尚在流淌，我们回忆中的世界是鲜明的、敞亮的，美丽人生在我们这些凡夫俗子的生活中漾起了浪花，一圈圈涟漪说明每个人的生活都可以被激荡、被写意、被提携，呈现五彩斑斓的景象。

此本散文集是对王小锡老师的《德与美》散文集的追随。王小锡教授了得，在他从事伦理学研究四十年生涯之业余，"跨界"撰写了一本寓德于情的散文集。在《漫谈人生境界》中，王小锡老师说："人生境界高低不在事大事小之分。事大事小不是人生境界的分水岭，人生境界体现在对立身处世之应该的认识和践行程度。"王老师实际上是让我们通过读书认识世界，体悟人生。阅读或写作或许有一点点好处，行万里路毫无疑问是人生之必须，但是情感的苦涩酸辣才是人生的飨宴，是精神的家园。为文者无他，但如孔子所言，可以"兴、观、群、怨，事父、事君，多识鸟兽草木之名"。用今天的话讲，就是用文学表现感情（抒怀），表现道德（政治观），表现认知（知识观）。中国文人有一个谦逊的传统,那就是颜之推所谓"讽刺之祸,速乎风尘"的提醒或威胁,使得大家头上悬一把剑,根本不敢流露真实情感,以至于把知识分子陷入没有批判精神和独立地位的境地。王老师所言极是,高者正在于"蹈云天,华无根",才能如闻一多"痛饮酒,读离骚",才能志洁行廉,恣情正义,演变为"自由之精神,独立之人格"。

写作是对欲望的消弭,是生活于俗世当中一项不卑不亢的轻功技能。有点这样的功夫,才能另造一个自说自话的江湖。这个江湖可以通衢以显扬,亦可决断以自慰。每当最快乐的时候,我憧憬得厉害。我在想,这本散文集,不仅是记叙,也是师生之情的表露与流淌;它激励着后学观景以自明,思德而励行;它不仅是有生命质感的事件,而且是改革开放四十多年来家国兴盛的写照。几乎每一个学子都提到王小锡老师在道德资本学问上的造诣、在国内外的声誉以及对我们学问的普惠与影响。这不仅是一段情缘、一段往事的"贵与相知",而且是骏马不劳鞭,学子重义的砥砺前行。

师恩难忘。恰逢王小锡教授从教四十周年,借用《海子诗选》中的诗句表达敬意:

一种愿望
一种善良
你无力偿还

目 录

序	余达淮	001

杏花疏影里　吹笛到天明

同窗情是首写不完的诗	郭建新	003
云南"花儿"开	李　静	007
随园芳华	汪　洁	010
随园	王小锡	013
挑担货郎	徐　昕	018

倒海索明月　凌山采芳荪

岁月长留	白雪菲	023
秦淮河畔之缘	陈金香	027
文以载道　美以彰德	范渊凯	032
兄长一般的师长	高　朴	038
短歌怀旧	葛见珠	046
随园三件事	顾中亚	049
也来凑个热闹	郭建新	054
随园记事	贺承瑶	058

学贵得师	黄军伟	064
求索路上的严师慈父	江　勇	069
吾师其人	姜晶花	073
一个学者　一支队伍　一片天空	李志祥	079
遇良师则终身受益	刘锦华	084
随园十年	刘　琳	088
以伦理的视野看世界	罗　健	095
做美德的学问　做追寻美德的人	史慧明	098
只道当时是寻常	唐洁琼	105
尽到努力　顺其自然	陶　涛	108
我的青春不散场	涂平荣	111
先生的书屋	汪　洁	117
童言童行	王小锡	122
佳期如梦	吴　隽	125
我的导师王小锡先生	夏明月	128
追梦的日子	徐海红	131
随园拜师记	徐维群	138
吾欲上谒从高山	严志明	144
与先生二三事	尹明涛	149

窗前米兰	余达淮	156
我与导师	张 露	160
林中路向故园心	张 霄	163
我心中那株不老青松	张晓磊	169
随园记忆	张 振	172
追寻思想的亮色	张志丹	176
春风化雨　亦师亦友	朱金瑞	181

雁度秋色远　日静无云时

我的1970年代	郭建新	189
学术批评小札	李志祥	194
彼日	芮雅进	201
"百鸟"何以朝"凤"？	王露璐	208
道德视角下的"囚徒困境"博弈论	王小锡	215
美之道德与道德之美	郑屹扬	223

杏花疏影里　吹笛到天明

同窗情是首写不完的诗

郭建新

德国著名存在主义哲学家海德格尔说过:"人生的本质是诗意的,人是诗意地栖居在大地上的。"回首过往的人生,海德格尔极具诗意的生活意境启发我们品味过往的富有诗意的生活,尤其乐意品味大学同窗情这首美妙且不断延续的"诗"。

四十多年前的春天,我作为南京师范大学政教系76级新生,骑着一辆在当时普通家庭难得拥有的旧自行车,车后驮着铺盖、脸盆、热水瓶……兴高采烈地来到"随园"报到,热情接待的老师和操南北方言的同学,让我这个从小生长在南京的丫头的新鲜感、激动感油然而生,我仿佛来到了同在南京城却神秘且高雅的非同寻常的生活天地。是啊,对于没有进过大学的人来说,大学高深莫测,始终像个传说,更何况南师大这个宫殿式、花园式的校园。我进入了梦幻般的生活与学习环境,并开始结交难以忘怀的同窗好友。

同窗是友善、无猜的象征。记得我进校后见到的第一个同学是缪晓凌,之后我们自然成为无话不谈的好朋友。

接着操着乡音的黄英、张金梅、宋景兰、江桂香、孙骏来到宿舍,那简直是"美妙的乡土音乐会"。班上51位同学操着南北不同的乡音,我在新奇中开始享受不同的"乡音包容"中的兄弟姐妹般的大学生活。记得我第一次被上党史课的陈老师叫起来回答问题,站起来后却慌得不知说什么,这时陈荣华塞给我一张纸条,我呆板地照纸条上写的内容读了一遍,直到陈老师说:"很好!"我才如释重负地坐了下来……如今,陈荣华、窦文彬、何正龙、刘必春、陈义芙同学已经离世,在我的心中留下的是他们年轻潇洒的英姿和乐于助人的品德。还记得有天在宿舍陈义芙对我说她的鼻子没有鼻梁。我不相信,她说:"你摸嘛。"我一摸还真是,这是"零距离"的情感交融,摸鼻触碰瞬间是多"美"的情与景啊,这情景就像发生在昨天,类似情景在同窗生活中也多有展现,至今在脑海里亦时隐时现。

现在的南京城,共享自行车遍地可见,但是,当初我驮着行李来校报到的那辆旧自行车,后来成为班上同学喜爱的、免费的、稀有的公共交通工具。有时周末我自己乘公交车回家,将自行车留给同学们。有些同学也因这辆旧自行车而早早地领略了南京的风光,且节省了当时看来很需要节省的乘车费;也因这特殊的"桥梁",加深了"同学情"。虽然现在的代步工具是汽车,但我却十分怀念那辆"编外同窗"的旧自行车。

进校后不久,我们班全体同学就到句容农场参加劳动,这对于我来说有一种不亚于进"随园"报到时的兴奋。尽管我属于"劳动科盲",但在劳动中还是觉得"好玩""有意思",故"积极努力"而获得了表彰。当然,在被表彰"感言"中我没有忘记感谢同学们,因为有了同学们的照顾,我才完成了干农活的任务,因此我也就有了一段"合格农民"的人生记忆和体验。

我们这一级进校后,每门课考试都成了当时全国高等学校的新闻,新闻背后有我们苦读的艰辛。记得同学们经常三五成群地在一起交流学习体会,有的同学还担负起了业余学习辅导员,尤亚华等同学还经常在考试前给同学们刻印复习题答案。最有趣的是,为了考出好成绩,我们还经常派代表到老师处试探总是试探不成功的考试信息。因为大家重视学习,且互帮互学蔚然成风,故全班同学的学习精神和学习成绩获得了老师的充分赞誉。

毕业实习是我们三年学习的最后一道"坎",为了取得好成绩,同学们个个精神抖擞,相互之间,一会儿当学生,一会儿当"老师",相互帮助,共同提高。这还不够,有的同学经常在晚上熄灯后在路灯下备课试讲,在这样的氛围下,我也不甘落后,记得几次我在周末翻窗进入北大楼,独自一人面对无人的教室试讲,最多时一口气试讲了10遍。

读书时几乎没有也来不及体会和深究同窗情,前面的"同窗情"断忆,也只是今天的"拾零"。毕业了,随着时间的推移，如诗般的同窗情越发浓郁。

回想毕业后1993年在"随园"、2012年在淮安的聚会以及2017年入学四十周年联谊活动，每次见面时的激动场面，那说不完的问候、道不尽的感动与欢乐；那离别时的泪水和祝福，都已经定格为永恒。那些发自内心的激动与幸福凝聚在脑海，且时常浮现，成为珍贵的精神财富。多次聚会，我印象最深的是，每次同学们都会异口同声地说："多聚会，多交流！"这何尝不是"同窗情"的一种悠深的诠释。

今年我们同学要在"随园"再度相聚了，且是毕业四十周年联谊活动。想到这激动人心的时刻即将要到来，我们彼此都有说不完的话和太多的情感要表达，大家都将沉浸在真挚友善的笑语欢声中……其实最值得欣慰的是，彩虹般的同窗情意在经历过风雨后已经展示出特有的诗情画意，我们期待同学聚会，同窗之情将在历次聚会中得到升华！

同窗若金。虽然青春已不在，但友情永相存！我们永远是同学，无论集结号是否吹响，学友这块阵地我们会永远坚守！期待在聚会中再见！

感恩上苍的眷顾，活出精彩诗意，将是我们新的生活目标！

云南"花儿"开

李 静

虽然从云南回来已有些日子,但只要打开那几日的照片,只要想到那几日的开心,心中的快乐仍然是满满的。

我们——八朵金花,在一个春雨潇潇的早上,分别从北京、南京出发,齐聚在阳光明媚的春城,然后在团长新儿的带领下直奔曲靖罗平,去看油菜花。车窗外,时而是绿色的农田,时而是蓝蓝的湖泊,又或是白色的梨花、粉色的桃花,让你感到春天正扑面而来。记忆最深的是昆明上空的那一方蓝天,蓝的那么纯净、那么透亮,白云在上面翻卷着,纵情舞蹈,和蓝蓝的天空相映成趣。看到如此湛蓝的天空,那种心旷神怡的感觉是无法形容的。车开进了罗平,就好像进入了一个花的世界——油菜花铺就的黄色海洋。黄色从四面八方向你涌来,将你包裹。那满眼的黄,黄的鲜嫩,黄的灿烂,黄的让人瞠目结舌。那不是平原上的油菜花地,不是平面的而是立体的——梯田盘旋着,那黄色也就盘旋着,时而在阳光的照耀下尽情展露生命的光彩,时而掩映在山凹的阴影里含羞待放,看似触向苍穹,又好像伸向天际。这还不算神奇,最神奇的还是螺蛳梯田。站在山顶上，原本需要仰看的梯田就在脚下。梯田被群山包围着，静静卧在大自然的怀抱中。此时，形状不一、阡陌纵横的梯田从上往下看就像一个个大小不一的螺蛳，像层层下旋的漩涡。真是大自然的鬼斧神工，螺蛳壳里做出了锦绣文章，那层层叠叠的黄，美得无法用语言来形容。因为赶到时已经不早了，太阳渐渐西沉，"花儿"们也就只能恋恋而归了。那一晚，连梦都是黄色的！

如果说罗平的油菜花田让我们大开眼界，那么元阳的华彩梯田又一次让我们体会到了美的震撼力。元阳梯田，世界著名，真的是名不虚传。同样是落日时分，我们来到了老虎嘴，这是一个观景点。专业的、业余的摄影者已经架好了各色精良"武器"，只等落日透出云层，就可捕捉那壮美的景观。除了新儿，其余一干"摄影盲"，在对人家的专业设备羡慕、评头论足了一番以后，也毫不羞涩地拿出各自的傻瓜机，抢占有利地形，摆出了一副大干一场的架势。苍天不负苦心人，终于，太阳从云层后面探出了脑袋，把那万道金光洒向了群山环抱中的梯田。这儿的梯田不是种的油菜花，而是蓄满了水，有的水面上还漂着红色或绿色的浮萍。太阳从山背后钻出来，就好像从地心里冒出来一样，有点火山喷发的感觉。等到晚霞普照时，原本只是蓄满了水、看似平常的梯田一下子变得生动多姿、五彩缤纷：金黄色、红色、绿色、灰白色……组合成各种色彩斑斓的美丽图案，令人目不暇接，叹为观止。据新儿说，那天我们看到的还不是最精彩的，可我们真的已经很满足了。梯田随着光照的不同，变幻出如此美妙的画图，若不是亲眼所见，真的无从想象。后面几天我们又看了龙树坝、坝达乡的梯田，各有特色。走近龙树坝梯田，更像观看一幅幅水墨画。

相比较而言，十万大山和多依树的日出因云层较厚而有点逊色，但仍然令众"花儿"欣喜雀跃。更何况，那几日里的欢声笑语——温泉里的嬉戏打闹、水池边的"千手观音"、平儿的"出鬼"、清儿的"湿身"等，处处都显出我们此次出行的尽兴、开心！

随园芳华

汪 洁

  比之颐和园、拙政园等名园，随园既不显得磅礴大气，也不以嶙峋怪石等奇景出名。许是久入芝兰之室不闻其香的缘故，在我印象里，随园就像春日里与你轻声细语的友伴，她往往不张扬、不自诩，而是在浓郁的生气里捧出一池潋滟的水光，与你一同歆享。在那份氤氲的水汽中，你便能晓得：这就是随园，秀外慧中的随园。

  秀外，秀在它精雕细琢的建筑体系和颇具灵性的四季风格。回溯随园的建筑史，最早可至清朝，随园诸多汉族传统宫殿式对称建筑风格多由此而来。从檐角栩栩如生的雕作，到歇山顶式的瓦面铺陈，可见一斑。几经辗转，民国时期的随园又吸纳了西式构造的精粹，中西合璧的建筑魅力充分彰显张之洞先生坚持"中学为体、西学为用"的创校初衷。

  以人工湖泊为中心的园林设计，艺术堆砌的假山、四季葱茏的古木……随园是自然的，沿着园区中心的大草坪漫步，多少可以感觉到"东方最美丽的校园"的神韵。这处曾经的"大观园旧址"，不再叨扰红楼故事。两株颇具沧桑的银杏树依旧擎天，映衬着不远处连绵的碧色，团聚的云鼓着风，吹散所有的烦恼。而四季，这里又往往有所不同。春有暗香浮动，撩拨清浅的池水；夏有枝繁叶茂，让人休憩纳凉；秋天一摺寡淡的凉风，扫着银杏的轻罗小扇；哪怕是银装素裹的冬天，也把冷色调的霞光采撷在梧桐的树梢上。在南京耽于风景的人，定是要来逛一逛随园的，四时景致不一，从盘根的老树古藤蜿蜒到小径边低垂的花骨朵儿，总叫你敞开心扉，认真生活。

慧中，慧在其人文化育和精神传承。百年随园沉淀着浓厚的人文气息。史说，"随园老人"袁子才隐逸于此，泼墨挥毫，著就《隋园诗话》，写下佳肴名谱《随园食单》，可谓"怡情"到了极致。而现今，随园的人文气息也未因时间的流逝而变得淡薄。或是长阶短亭，或是林荫小道，学子三五成群的，相邀一聚。叽喳玩笑，侃谈平日见闻，皆举止彬彬，岸芷汀兰。偶有那闲情逸致，随性而行，忽而吆喝一声，把弄野草顽石，打碎童趣二三，自得其乐，亦不需为外人道也。雨后的随园，光风霁月，则更适合一个人独步遐思。曲径通幽的华夏馆前，揣着书卷的后生仿佛也濡染了一分悠哉的娴静。音乐楼侧，悠扬的琴声掀开黄昏的雾霭，婉转的歌喉把古典的曲调浅吟低唱，驻足聆听，不知又是谁人在借景抒情。

矗立在随园中心的孔子像可谓全职的教育者，无数教师和莘莘学子得益于其"仁"与"礼"的教育理念与"因材施教，有教无类"的教育方法，他的教育智慧也铸就了南师的"厚生精神"。从主张"视学生若子弟"的李瑞清，到"出为人师须能使所接触者受感化"的江谦；从"捧着一颗心来，不带半根草去"的陶行知，到"一切为了儿童，为了儿童的一切"的陈鹤琴，无一不传承着"以生为本、以师为本、以人为本"的"厚生精神"。袁枚曾在《随园诗话》中写道："雪芹撰《红楼梦》一部，备记风月繁华之盛，中有所谓大观园者，即余之随园也。"如今，大观园也好，古随园也罢，都已消散在历史的风霜之中。即使曾领风气之先的金陵女子大学，也已成为一块"国宝"石碑上的"旧址"。只有不灭的"厚生精神"，仍在薪火相继、历久弥新。

随园的美就在于自然美与人文美的和谐演绎。数百年的浮光掠影，难掩其盛世芳华。无论是园内遗存的前朝旧物，还是古木同心的年轮印记，都让我对随园有一种本能的依偎与敬仰。造访随园，似乎已成为我生活的常态，但每每屏声静气，在光影错落的林荫下信步，就会有种时光变轻缓的错觉。

随 园

王小锡

走进南京师范大学随园校区,首先映入眼帘的是一块巨石上的"随园"二字。随园被誉为"东方最美丽的校园",人们还称之为"不卖票的最美公园"。

随园最早是清代诗人、散文家袁枚的居住地,他在散文《随园记》中说:"康熙时,织造隋公当山之北岭,构堂皇,缭垣牖,树之楸千章、桂千畦,都人游者,翕然盛一时,号曰'隋园',因其姓也。后三十年,余宰江宁,园倾且颓,弛其室为酒肆,舆台嚾呶,禽鸟厌之,不肯妪伏;百卉芜谢,春风不能花。余恻然而悲,问其直,曰'三百金',购以月俸。茨墙翦阁,易檐改涂。随其高,为置江楼;随其下,为置溪亭;随其夹涧,为之桥;随其湍流,为之舟;随其地之隆中而欹侧也,为缀峰岫;随其蓊郁而旷也,为设宧窔。或扶而起之,或挤而止之,皆随其丰杀繁瘠,就势取景,而莫之夭阏者,故仍名曰'随园',同其音,异其义。"这清楚表明,随园在清代历史上曾历经两次盛况、盛美。

现在的随园是在金陵女子大学旧址基础上发展而来的,

其美景与袁枚当初花园式庭院相比，更有其独特的韵味。

随园飞檐翘脊的古典建筑是我国传统宫殿式建筑，就整个布局来看，像个拉伸扩大了的北京四合院，配上山水景观，又像缩小了的南方园林，其诗情画意般的神韵，要"读懂"不易，任何文字也难以说明"随园之为随园"。

随园的整体设计可谓匠心独具，一条中轴线两边的房屋、路形、花草、树木对称地展开和延伸，环顾左右，一切有形之物都像"双胞胎"。春暖花开时，两边花团锦簇、姹紫嫣红，站在中轴线上，似乎一边是花坛，一边是"镜子中的映像"，模样似乎一样。秋高气爽时，不管风从何处进，定有桂花香味扑面来。还有那两棵"大哥大"式的银杏树，待到满地黄叶、杏果时，却似两只金盘托"圣果"。至于200号、400号、600号、300号、500号、700号楼和几何形或弧形的道路，那两边的物体、线条和"空间"等毫无二致，且长年累月地始终要么"肩并着肩"，要么"对视相望"，要么"携手而行"。

当然，随园也有不对称者。围在齐刷刷条形状冬青树中间的绿油油大草坪，仿佛是铺在随园中央的绿色大地毯，一到秋天，随园人都可以上去享受"脚福"，有时躺在上面，仰望天空，顿时天、地、人融为一体，惬意自在。屹立在大草坪北端的参天古松，见证了随园的沧桑，目睹了一代又一代莘莘学子的寒窗苦读，被视为随园的象征和瑰宝。尽管20世纪80年代后期的一场大雪压断了顶部几根枝头,但今天仍然刚劲挺拔,让人"仰望"。面对随园正门的100号楼后面的德风园,坐落着至圣先师孔子的雕像,斯是中华传统文化的象征,更是激励学子们刻苦深造的精神资源,不时有学子朝拜立志。紧邻德风园的荷花池,小巧玲珑,池中荷花、金鱼以及倒影池中的宫殿式建筑、垂柳、花木、假山、天空飞渡之白云等,犹如水中仙境,漫步池中曲桥和清波台,仿佛置身于梦幻般的美景之中。其实,20世纪70年代末,我在随园读书时,没有整治过的荷花池,周边全是土堤,自然生长的芦苇、荷花,活泼精灵的青蛙,再加上周边景观倒影等,也是蛮有独特韵味的。最难忘的是,我们几位同学在池边石凳上学习之余,经常跳进池里捉小龙虾,最多时有一脸盆的收获,真有诗意般学习生活的感觉。由此说来,尽管随园有不对称的单独存在,但它们并不孤独,都是景中不可多得的"美点"。

随园四季有花,尤其是春季的兰花把随园装点得春意盎然;冬天的梅花在雪景中更显傲骨,十分美艳。

随园有山,现今的南山、西山大多是师生住所,人气很旺,也是随园一景。20世纪80年代的两山,各有风韵。南山树木苍翠,山顶有绿树掩映的游泳池,在树木倒映的池中游泳,仿佛在林中飞翔。西山顶上没有被开垦的痕迹,走进灌木丛中有一种走进原始森林的感觉。不过,西山北边的两栋二层木质结构小楼,是民国时期加拿大大使馆，内外设计精巧别致，在随园乃至在南京可谓独树一帜，后改为学校招待所，可惜，后来因新规划被撤掉了。从西山东坡，也就是100号楼后面拾级而上，坡中部有后来仿金陵女子大学宫殿式建筑的中文系大楼（简称中大楼），再往上有一座后来建成的现代气派的图书馆。南山和西山原来都有青石小块铺就的大路直达山腰，现在还存留着一段到南山的石块路，这其实是随园山路的一段历史，很有味道。这就是说，随园中轴线上有100号楼、荷花池、德风园、中大楼、图书馆，加上中轴线两边的对称宫殿式建筑和景观以及青石路等，随园可谓之有山有水、对称有韵、错落有致、匠心别致的"美园"。

随园之美，还美在气质，美在人文情怀。宫殿式建筑透射出传统的伦理之美，其建筑内含敦厚、踏实、牢靠、诚信的精神，就其龙之九子的外饰雕塑，表示着这建筑在宣扬爱乐、吉祥、威严、护善、负重、正气、好文、镇邪等伦理主张。花园式校园昭示着宽容、祥和、阳光、友善和美丽。"厚生"乃是金陵女子大学的办学传统，"正德厚生、笃学敏行""严谨、朴实、奋发、奉献"为今日之校训和校风。诸多蜚声海内外的先贤德教双馨，强学厚生；众多国内外知名的专家学者潜心耕耘，立德树人；一批批莘莘学子启迪创新思维，夯实日后卓越的根基。随园人文底蕴深厚，气质非凡。

我一辈子在随园"耕耘"，犹如花园的"护花""养花"

使者,美的感觉不只在于身处优美的环境,更在于一批批"祖国花朵"在这里茁壮成长。

(选自王小锡散文随笔集《德与美》,上海三联出版社2018年版,略有改动)

挑担货郎

徐 昕

如今，在南京这样的大城市，挑着担子走街串巷的货郎已不多见了。几十年前，上小学时，挑担货郎对我而言有着磁铁般的吸引力。那时，学校隔三岔五停课。早起吃饭，一边摸着藏在口袋里的硬币，喝着粥，一边竖着耳朵听巷口挑担货郎的吆喝声。每天，都能传来几拨货郎的叫卖声。这些声音我烂熟于心，从中我立马能辨别出货郎老马的声音。

货郎老马驼背，他挑担子时扁担不是压在肩头上，而是僵挺着脖子，吃力地仰着头，用两只手向上顶着扁担。货郎老马既卖东西，又收些牙膏皮、头发、破铜烂铁等物。吸引我的不是货郎老马竹筐里的糖豆、瓜子，而是他不知藏在什么地方的小人书。

看货郎老马的小人书不能蹲在他的货郎担边上，而是要躲得远远的，看一本书一次收一分钱，若要是带回家晚上看就要再加一分钱，但第二天必须准时归还。记得《三国演义》《杜十娘怒沉百宝箱》等小人书都是那时看的。有一次，怀里揣着从老马那借的书去还，可几天都不见他的人影。终于,在一个雨后天晴的早上,我又听到了他熟悉的吆喝声,心里顿时像猫爪子挠似的,赶紧去摸口袋,才想起仅有的几个硬币借给同学了。

突然,急中生智,我想起几天前隔壁"小辫留"让他爹给剃了个光头,那条小猪尾巴似的辫子被他爹丢进了大杂院后的一条沟里。于是,我像猴子般一跃攀上后院的大槐树,抓着伸出院墙的虬枝一跳就轻轻地落在了海绵般的草甸上。连天的大雨让院后的这条沟变成了一条小溪,"小辫留"的辫子就像一条黝黑的响尾蛇甩着尾巴在溪水中蠕动着。我掩饰不住内心的激动,一脚踩入水中抓起了它。

当我来到货郎老马跟前时,他没有像往常一样看我,却流露着几丝回避的异样眼神。我满以为是因为迟还他书了,便连忙从怀中掏出书来还他。货郎老马见状,吃力地挺起脖子,急促地摆手示意让我不要掏出书。接着,他连连咳嗽了几声才说:"没书借了,都被街道没收了。"停了停,他又说:"那本书,你要是喜欢就留着吧。"我失落地望着他,拿出那条辫子放进他收旧物的那只竹筐里。

当我转身走时,他叫住了我。我以为他又会像往常一样变戏法般地摸出一本书来,他却像欠了我什么似的说:"小学生,我把眼睛闭上,你睁大眼看着我然后说个数,我用手朝玻璃罐里的糖豆一摸,你说多少颗就是多少颗,保证不多也不少。"说罢,他嘿嘿地笑了下。我迟疑地摇摇头说:"等有书了,我再来借。"货郎老马很是失落,又习惯地缩了缩脖子，没再言语。后来，听到他的吆喝声，我又去了几次，可都是失望而归。慢慢地，我也就不再去找他了。

前几天，南京下了入冬来的第一场大雪。雪后初霁的早上，我乘公交车去江边晨练。大清早，公交车上空空荡荡的，一位挑着竹筐的老人上了车。竹筐里是些花生糖、小麻花、甜米球之类的食品。上车后，老人并不坐，而是把两只竹筐拢在脚前，一手抓着车顶的吊环，一手扶着扁担站着。望着他，我眼前忽然浮现出了货郎老马的影子。

在终点站下车时，我见老人挑着担子挺吃力，便上前帮了他一把。清晨，江风阵阵，江水滔滔，江边几乎没几个人。我好奇地问走在旁边的老人："现在超市遍地都是，这竹筐里的东西有人买吗？"老人边走边说，儿子大学毕业后来南京找了份工作，现在娶了媳妇，又租了房子。儿媳妇快生了，他和老伴便从山东农村赶来帮忙。儿子租的房子住不下，他和老伴又租了一间。虽说房子小，租金却挺贵的。他想趁着身体还行，帮儿子省几个钱。这里虽然偏远，但没人管，有带小孩来江边玩的人会图方便买些吃的。

我回去时，时候已经不早了，江风更大了，江边仍没几个人。我朝老人站的地方看了看，他依旧扶着扁担在凛冽的寒风中静静站着。看我朝他看，他慢慢地向我招了招手，我一时竟眼睛模糊了。

倒海索明月　凌山采芳荪

岁月长留

白雪菲

我是一枚南师本硕博连读的学生,在南京待了整整十年,今年正值我的导师王小锡老师执教四十周年,憧憬着师门相聚庆祝,也怀念起上学的时光。

2009年,经历了本科四年的磨合和适应,我选择继续留在母校深造,考取了伦理学硕士,也就是这一年,我正式成为王门弟子,跟随王小锡老师开启了学术之路。在这之前,我印象中的王老师是高高在上、工作繁忙、遥不可及的公共管理学院院长,可是接触了伦理学这门课程之后,尤其在聆听了王老师的课的那一刻起,才发现他更是一位严谨认真、和蔼幽默的长者。

王老师时常教导我们做学术是要坐冷板凳的,"每天晚上看书做研究到凌晨,坚持十年,必有成就!"王老师这样鞭策学生,他自己也以身作则,几十年如一日的这样要求自己,弟子们无论什么时间去拜访他,他都一定是在搞学术,听弟子们聊一聊工作生活无恙,他便安心地留师母陪弟子,自己"蹭"到书房去看书了。王老师还有个特点,就是不会打扑克,不管何种场合的牌局出现三缺一,他都不会上来凑数,我们总拿这个"嘲笑"他,其实他哪里是不会打扑克,他是不愿意花时间和精力在这些娱乐活动上,他曾经说过:"这个时间,不如在房间里看一本书咯。"这种一根筋式的耿直,还体现在吃上面。王老师很少关心哪里的东西好吃,平时最喜欢的就是去学校食堂吃饭,便捷实惠,因为这样可以省下时间看书休息。但是一旦发现一家好吃的馆子,他便会一直吃下去。那时候,老师家附近的皖南菜馆,几乎成了我们的小食堂,每次去拜访老师,他都会带我们去撮一顿,每次都会说:"你们请客,我买单!"老师不忍还是穷学生的我们多花一分钱,又想让我们能时不时多吃点好的,一句玩笑话,我们却从中感受到了他对我们无限的爱护。我想,正是因为这样坚持不懈的认真和努力,王老师成了南师大伦理学学科领军人物,在职期间带领南师大公管院不断向前,不仅行政工作做得无可挑剔,其"道德生产力""道德资本"等学术成果在国内学界乃至世界都产生了巨大的影响。

王老师有很多名言,都收录在他的一本小册子里。其中让我印象最深刻的有两句话:一句是"厚道得人缘,真诚聚人气",另一句是"尽到努力,顺其自然"。"厚道得人缘,真诚聚人气"告诉我们做人要实在坦诚,不偷奸耍滑,要正直乐观,待人友好。与人相处,一定要做到老实厚道、真诚待人,这样人们才会接纳你、认可你,从而收获更多的朋友。"尽到努力,顺其自然"告诉我们不管是在工作上还是在生活中，做一件事就要倾尽全力，不留遗憾，但同时对结果却不做过多的期盼，要以一颗平常心看待所有事，正所谓"功到自然成"，大概就是这个意思吧。一句是做人，一句是做事，两句简单的话道出了王老师做人做事的原则和心态，这些年来，这两句话也成为我的座右铭，在工作和生活中指引着我，让我收获了很多进步和圆满。

执教四十年，王老师桃李遍天下，经常听他提起的就是他已经带出了多少名博士、多少名硕士，都遍布在祖国的哪些城市，每当说起这些，他都如数家珍：弟子们在哪里工作，近些年都取得了哪些成绩，家庭美满，儿女成才……要是听闻哪个弟子有些不顺利，他便眉头一皱，开始琢磨自己能帮上些什么。俗话说："一日为师，终身为父。"王老师对弟子们的这些关心，正是寻常父母对孩子的期盼啊！

人们都说人老了以后会变成老小孩、老顽童，年过花甲，王老师真的越发像个孩子了，年轻人眼里简单平常的小事都能把老师逗笑，所以学术之外，我们对待老师，更愿意把尊敬变为宠溺，把老头子当作孩子来哄。

我经常会想起远在南京的老师和师母，每年节日发给老师和师母祝福语的最后一句都是：愿您平安，身体健康！就像那首歌里唱的：时光时光慢些吧，不要再让你变老了，我愿用我一切换你岁月长留。

写到这里，我想起老师的嘱咐，要写一篇关于南京或者母校的文章，可是老师啊，在南京求学的青春中，是您教会我做学问，是您和师母教会我做人做事，当我回想起这段时光的时候，怎能不第一个想到您呢？

难忘南京十年，所有的青春都留在那座城，这是怎样一种情深，又是怎样一种怀念；难忘南京十年，难以割舍的师生情和同窗情，让人时不时想起时都会不自觉地嘴角上扬；难忘南京十年，分别是为了更好地相聚。离开不说再见，我想分布在全国各地甚至世界各地的师门的兄弟姐妹们，一定都在努力地工作和生活着，也一定都挂念着我们的导师，无论分别多久，我们终会相聚。

秦淮河畔之缘

陈金香

王老师相信"缘之为缘在德"。说来也巧,我也因道德之"缘"而有幸成为王老师的弟子,追随王老师学习为德之道。在南师大求学三年,幸得王老师亲炙,我才有机会近距离认识王老师。王老师以德立业、以德立身、以德育人,在秦淮河畔抒写着道德人生。

王老师有个学术雅号,叫"道德资本家"。这个雅号源自于王老师独特的学术创新成果——道德资本。"道德资本"是王老师多年勤于躬耕、勇于创新的学术成果,更是王老师时代担当精神的凝结和体现。王老师的学术生涯开启于改革开放之初。特殊的时代使王老师的学术生涯与道德结下了不解之"缘"。改革开放催生了我国经济蓬勃发展,而与此形成鲜明对照的是,社会道德生活却出现了急剧振荡甚至危机。物质的丰富可以解决人的温饱问题,但无法填充空虚的头脑,也无法直接带来良序的社会生活。现实生活的强烈反差迫使人思考道德与经济发展的关系问题。

如何认识道德与经济发展的关系问题,学界曾有不同的声音。王老师认为不能孤立地或割裂地认识道德与经济发展的关系问题，而应立足现实，从道德的角度看经济，从经济的角度看道德，只有如此才能真正认识道德，认识经济，也才能正确认识和处理道德与经济发展的关系。正是基于此，王老师创造性地提出了"道德资本"这一概念。

"道德资本"是时代的产物，突出强调道德的经济增值功能。改革开放后，我国逐步由计划经济体制转换为市场经济体制。如何既充分发挥市场推动经济发展的优点，又能使资本在道德的区间内良性运行，成为商品经济时代必须解决的问题。可以说，"道德资本"很好地回答了这个时代问题。正如王老师所说，"道德资本"是道德在商品社会所表现出来的特殊的经济增值功能，但要说明的是，只有"发挥经济功能并产生效益的道德才有资本意义"。也就是说，只有在商品经济时代，在商品生产、运行中发挥了经济功能和经济价值的道德，才是"道德资本"。

"道德资本"虽突出了道德的经济增值功能，但其真正意图是使人（特别是商业从业者）遵守道德。"道德资本"是义与利在理论上的完美统一，是道德融入商业活动的实践接点。

单就字面意思，"道德资本家"还有另一层含义，就是指拥有丰富道德的人。事实上也确实如此，王老师不仅以道德立业，在道德研究上建树卓越，而且以道德立身，真正做到知行合一、人德合一。

这具体体现在王老师对他母亲的挚爱，对家人的挚爱，对师母的挚爱。王老师的散文《我的母亲》写得令人动容，再现了一位慈祥、仁爱、善良的老人，字里行间体现了王老师对母亲深深的爱。王老师不仅事业"立德"，而且"在家里是一位好丈夫、好爸爸"（宋希仁语）。如王老师早年在中国人民大学进修时，在繁重的学习压力以及一年内手写近35万字的学习笔记的情况下，还"基本上一周两封信"。这是多么大的爱支撑的巨"作"啊！

王老师不仅关爱家人，也关爱同事，得到同事的认可和尊敬。王老师曾长期担任南京师范大学公共管理学院院长，但从不摆架子，与同事友好交往，得到了大家的认可。有一件小事我印象特别深刻。2018年暑假，我在王老师的办公室整理一些材料，而当时王老师办公室的灯坏了，其间恰好有维修电工在换其他办公室的灯管，我就想请他们把王老师办公室的灯管也换一下。但电工是另一个学院的，与王老师分属不同的学院，所以开始不给换。后来我说是王老师的办公室，他们的态度变了，说："王老师的办公室给换，其他人的不给换。"事情虽小，但映衬出王老师在同事心目中的地位。

王老师待人不因位低而慢待。南师大随园校区附近曾经有个修自行车的，多年来王老师以诚相待，所以他常对别人说:"只有王小锡修车不要钱,也不需要排队,他什么时候来我就给他什么时候修。"王老师常说:"德行无小节,小节喻德性。"不管谁帮他做点事,他总是满口地、不厌其烦地说"谢谢"。王老师信奉"礼多人不怪"。

当然,王老师不是"乡愿"式的老好人,而是原则性很强的人,对于不识抬举的人,王老师还是会给予严厉且有力的回击的。

王老师常说:"我首先是一位老师,然后才是一位学者。"王老师之所以在学术上取得如此大的成就,道德人格之所以如此完善,"个中原因,是因为我一生始终在努力争取做一名合格大学教师之理想及其压力下生活、工作,为减轻压力,必须努力。'压力'二字是我不敢落后、力争不断进步的动力"。王老师始终以一位合格的大学老师的标准要求自己。而事实上,王老师何止是一位合格的大学老师啊,而是一位优秀的大学老师。王老师还是讲师的时候就获得了南京师范大学优秀教学一等奖、江苏省优秀教育工作者等荣誉称号。

王老师的优秀体现在他不仅重视"教书",更重视"育人",他把"教书"与"育人"完美地融合在一起;他以道德育人,育人之道德。

作为一位大学老师,王老师总是以高标准要求自己,"只有把该传承的传承下去,把年轻人都培养出来,才算不辜负作为教师的使命"。所以,王老师向来教学认真负责，每次上课都恨不得一股脑地把所有的知识都传授给学生。王老师的课也绝不只是兜售知识，因为王老师深知"授人以鱼，不如授人以渔"，所以王老师非常重视传授学习和研究方法，力图尽快提高学生的学习能力和学术研究能力，他的"读书三境界说""论文四逻辑说""挤时间说"都很独到。

王老师治学特别严谨，学术要求特别高。逻辑严谨、用词讲究、言之有物等是必然要求，即使参考文献、标点符号也是从来一个都不放过，一篇文稿王老师总是要反复修改多遍。王老师这种严谨的治学态度在无形中影响着我们、感染着我们。

王老师正是在教书中育人，育人于教学之中、日常交往之中，他以人格魅力感染人、教育人。王老师尽心尽力地教育学生，但从来不随意叫学生帮他做事，他认为老师教学生是应该的，随便地让学生耗费时间帮老师做事是不应该的，实在不得已找学生做·点事，他总要不停地表达感谢，并给予报酬。

孟子认为"得天下之英才而教育之"为人生三乐之一。而对于求学者来说，"得天下之良师而受教之"则为人生幸事之一。能为王老师弟子，乃人生幸事也。

文以载道　美以彰德

范渊凯

连雨不知春去，一晴方觉夏深。在这个温暖的日子里，我有幸成为王小锡教授的散文随笔集《德与美》的第一批读者。对于导师的此次"跨界"之举，我起初是颇为惊讶的，他平日醉心于理论研究，于散文之道似鲜有涉猎。带着疑问，回到家中，落座品读，书香随着纸张的翻动渐渐四溢，与曼妙的文字萦绕在一起，逐渐沉淀下来。暖风入帘，满室书香，一篇篇饱含深情、励志启迪的文章，我读得如痴如醉，恍惚间不知夜之将至。

冰寒彻骨闻梅香

记得在老师门下读书期间，他有一句口头禅："每天（读书）十二点后睡觉，十年后必有成就。"我们很多年轻弟子常将这句谆谆教诲视为笑言谈资。而当我翻到《一张贺卡》这篇文章时，顿时被其中一句话深深地震撼了，"从穷孩到教授，不亚于从奴隶到将军"。诚然，老师今日的成就有目共睹，但是他过去所付出的辛劳往往被我们忽略。

老师出身贫苦，小时候一家六口挤在仅20平方米的茅草屋里，用他的话来讲便是时常"外面下大雨，屋里下小雨，外面不下雨，屋里还漏雨"。到了读书的年龄，他的母亲为了供他上学，挨家挨户地上门借钱。是啊！这种生活环境，我想现在很多年轻人都难以想象。但就是在这样极端贫苦的条件下，老师从来都没有放弃过对未来的希望，以坚定卓绝的意志和持之以恒的努力创造了人生的辉煌。他有一句话时常对我们说起，"天底下最头疼的事是头疼"。老师在年轻时伏案写作，为了让自己集中精力，他常常一只手抓头发，一只手写字。这是多么难能可贵的一种精神！这是多么催人泪下的一幅画面！

　　当下，我们的生活条件优越了，却缺乏了面对艰难困苦的勇气，不少人遇到困难便知难而退，甚至还有人把自己的不成功归结于父母的"不给力"、家庭的"无背景"等等。《德与美》中有着诸多关于老师年幼时贫苦的生活经历、年轻时艰苦的奋斗历程的描述。我相信，这些文章应当会让不少青年有所触动、有所感悟，使我们不再怨天尤人、自怨自艾，不再好高骛远、眼高手低。虽然家境不同、际遇不一、天资有异，但是只要我们认认真真、勤勤恳恳地做好每一件力所能及的事，终究会在不同的领域收获自己的成就。

布道授业传德馨

老师一生与德为缘，以德立言，布德传道，他不仅在学术上醉心于道德研究，还致力于将道德用于生活、推及实践。《德与美》中，不仅有优美深情的散文，也有老师富含哲理的道德文章。《道德是什么》《何谓德性》《道德何以为资本》等文深刻地剖析了道德的本质、道德对社会与人生的作用以及著名的"道德资本"理论。

依然记得我跟着老师读研期间，在某节课上，他提出了一个观点："在无人监督的情况下，一个人能做到不随地吐痰，那么他的德性可以说不低于那些助人为乐的人。"老师用大道至简的语言、通俗易懂的例子，深刻地揭示了中国传统伦理思想中的个人最高境界——"慎独"的概念。在茫茫宇宙之中，人生短暂又短暂，只有追求伟大、追求永存、追求不朽，才能成为境界高尚的本真意义上的人！

老师不仅是道德的理论家，更是道德的实践者。在日常生活中，他身体力行、言传身教，讲学、走访的企事业单位有数百家，将他的"道德经"传布于世。老师经常在课外与我们讨论为人处世的道理，教我们以德立世的行为准则。他常语重心长地对我们说：做事首先是做人，要"厚道得人缘，真诚聚人气"。人生注定是要和人打交道的，而人与人之间的和谐关系是理想人生的重要资源。要积累这样的人缘和人气，就要厚道、要真诚。

我想，老师正是希望通过对道德本质、起源、发展及道德力与社会进步关系的阐释，在培育和践行社会主义核心价值观、全面提高公民的道德素养、构建和谐的社会风尚等方面对大家有所启迪。

乡恋情深意切切

平时，跟着老师参加一些学术会议，学术界的大咖们都知道王老师是一个地地道道的溧阳人。这是因为他在外一直以"溧阳人"自居，以"溧阳人"为傲。每每谈及家乡，老师立马如数家珍，除自豪地炫耀溧阳悠久的历史、辉煌的今天外，甚至还不乏"添油加醋"一番，词间话里尽是浓浓的"耀乡"之意，往往叫听者闻之羡慕不已。在老师的心目中，家乡是人类的发祥之地，是历代重镇，是鱼米之乡、丝绸之府、旅游之都，是他的青春、他的回忆，更是让他魂牵梦萦之处。所以，他为家乡所写的《溧阳赋》中，字里行间无不涌动着拳拳恋乡之情。为写此赋，他可谓是十年磨一剑，阅读了不下200万字的资料，孜孜不倦地征求辞赋专家、地方官员、文人墨客等各类人员的宝贵意见。

在《德与美》中，《感恩家乡》《石刻〈溧阳赋〉随想》等文无不彰显着老师对家乡人、家乡事的思恋之情。在此文中，他将自身获得的成功归结到家乡的养育与家乡人的支持上：在孩提时代，他没有听过一个像样的、完整的故事，更不知道作为学前教育的幼儿园是怎么样的，家乡对他精神层面的启蒙培育非常珍贵；在求学期间，班主任、校长等一群优秀质朴的教师对他的激励，激发了他对未来人生的憧憬，学校与老师们潜移默化的德性培育影响了他的成长；参加工作后，领导与同事对他的生活的关心以及工作的认可使他坚定了信心，领导与同事优良的品质、作风也深深影响了他。这些平实的文字记载着老师对家乡美妙、浓厚的记忆，流淌着他对家乡真诚、质朴的感恩之心。

平时，我对文学创作亦颇感兴趣，偶尔也喜欢舞文弄墨一番，曾在老师眼皮底下写了部40多万字的小说，而面对10万多字的博士毕业论文时，我却是头大如斗、苦不堪言。理论文章讲究逻辑的严密性、思维的缜密性，与天马行空的文学作品的构建方式可谓是大相径庭。所以，我深刻地觉得，老师所著的《德与美》，从理论出发而着眼于文学，从思辨精神出发而表现为形象思维，就形式而言是从难至易、大道至简，就文字而言是信手拈来、驾轻就熟。他以散文随笔写人、写情、写道德，以真情实感话美、话景、话人生，抒发了美之道德乃世上难得之德，道德之美乃人间最美之美，将苦涩难明的道德哲学融于通俗易懂的文学作品之中，相得益彰。

此外，《德与美》一书还启发了我对文学创作的重新思考。文学创作固然需要飞扬的文采与曼妙的辞藻，但作者所怀有的胸襟气度与他所投入的真情实感则更为重要。若无伟岸的胸襟，则断不能挥洒出"远纪瀛海奥区，沧桑兮悠悠万古"等大气磅礴的篇章；若无深厚的情感，亦绝不能凝练出"翘首尽诗情，举目皆画意"等精妙绝伦的诗句。而且，全书逻辑严密、条理清晰，我想这是理论学者做文学作品之优点，既有深度，又有意境；既富哲理性，又具可读性。全书将"道德是人类灵魂，是人立身处世之本""幸福的人生需要学习、磨练、奋斗、阳光、豁达、感恩、诚信、友善"等道德理念彰显于优美的文字之中，将德与美完美地交织在了一起，正可谓"美文载道德，道德书美文！"优美的文笔、浓郁的乡愁、超凡的感悟、深刻的见地，相信对每一位阅读此书的人启迪人生乃至安身立命将不无裨益！

兄长一般的师长

高 朴

初识王小锡老师,是在 20 世纪 80 年代末。

那个时候,小锡老师已经毕业留校,从教了七八个年头。作为学校重点培养的青年骨干,小锡老师醉心于伦理学新领域的研究和拓展,在教学和科研上已经露出锋芒。

也就是在那个时候,我有幸考入南京师范大学政教系,攻读哲学专业的研究生。有一阵子,我对于哲学上"人的问题"特别感兴趣,希望可以在"人学"研究上取得一些成绩。

小锡老师研究的领域是伦理学。在我看来,伦理学就是"哲学中的人学",人的本质、理性、价值和行为,在很大程度上都可以进行伦理视角的讨论和分析。

小锡老师虽然不是我的直接指导老师,但因为同属哲学研究领域,平时自然会有不少问题向小锡老师请教。比如,如何反驳一些人提出的道德"无用论"? 如何看待现实中存在的"道德悖论"现象? 在社会不断发展的进程中,总体道德和个体道德如何协同演进? 等等。

平心而论,在 20 世纪八九十年代,中国社会经济正处于剧烈的转轨期，为了追求单纯的经济增长或短期的物质利益，许多组织或者个人"八仙过海，各显神通"，没有多少人会把心思用在道德价值的追问或反思上。更多的年轻学者、学子们，则是把兴趣放在对经济、法律、管理这些马上可以学以致用的知识或者科学技术知识的追求上，而关于社会伦理领域的研究，并不是一门显学，似乎更是一门相对偏僻或生冷的学问，能够公开讨论的场合不是很多。

正因为那时候有了较多接触，我对这位早我多年毕业的学长，不仅有了更多的了解，也产生了由衷的敬意。毕竟愿意在风华正茂的年龄，主动选择一门相对抽象、大家并不太热衷的学问去研究，确实不是一件容易的事情。这意味着要做出一定的成绩，需要花更长的时间，甚至必须坐很长时期的冷板凳。

其实，也许连小锡老师自己都不知道，那个时候断断续续的请教引发了我不少的思考，对我以后开展的专题研究，包括对社会人生的理解都产生了很大的影响。

我越来越觉得，伦理道德绝不是偏僻或生冷的学问，任何现象、任何事情、任何行为，均可进行"善"的即道德判断；道德判断也不是抽象的、遥远的、虚拟的，而是历史的、具体的、生动的，而且越是浮躁的社会，越是功利的追求，就越需要道德的追问和反思；道德不是可有可无的，而是健全社会的必然之基……

如今，在中国经济高速增长三四十年后，当喧嚣归于平静，一切关于道德重要性、必要性的判断以及道德重构的巨大力量，渐渐成为社会的广泛共识，甚至成为国家治理的基础、手段和努力的方向。这些年中国共产党对腐败问题的零容忍，对贫困问题的攻坚克难，对生态环保红线的强调，对缩小区域差距的政策倾斜，等等，无不蕴含着巨大的道德勇气和历史担当。

小锡老师说，做学问不可脱离实践需要。如今伦理道德研究的视野，早已从早期人伦关系的规范发展到经济社会价值的界定和引领，进而已经在自然伦理、生命伦理以及人机伦理领域开出了绚丽之花。由此我想到，三四十年前，在我国改革开放之初，小锡老师没有追求大家趋之若鹜的"显学"，而是决意投身伦理领域的研究，以一个学者的良心和坚守，勇于直面社会发展中的道德矛盾和问题，是多么了不起的选择！

作为一个伦理研究学者，小锡老师身上不知不觉散发出的道德气质，行为处事中表现出的道德智慧和勇气，给我留下了深刻的印象。

微笑谦和是小锡老师的形象标签。这么多年来同小锡老师交往，我始终感到小锡老师身上有一种感染人的力量：敦厚善良，开放豁达，孜孜不倦，平易近人，从教治学不拘泥于一隅，即便是相处陋室，也能感受到一种积极的氛围，那无疑是一种催人奋进的正能量。

有一件事我要特别提到，就是我专业方向的重大调整，是在小锡老师的鼎力支持下实现的。

20世纪90年代初，我紧跟小锡老师的步伐，顺利留校做了老师，教授思想教育类的课程。那个时候，社会主义市场经济理论确立不久，系里需要设置新兴的市场学专业，我很希望能够拓展一些研究空间，在专业上进行一些新的尝试。对于一个青年教师来讲，跨专业教学和研究需要得到系里的批准，而且还要具备一定的专业基础。那时小锡老师已经是系里主管教学科研工作的领导，在得知我的想法后，他帮助我进行客观的分析，像兄长一样提出合理的建议。不久，系里就决定送我去南京大学进修，参加企业经营战略和市场营销理论课程的专门培训。

对我来说，这一次专业调整实现了从"形而上学"到微观领域研究的转型，大大拓宽了我的知识面和理论视野。一开始我并没有意识到，哲学、伦理与具体的经营学科相结合，会产生那么多新思路和新想法，教学研究的视野越来越宽，科研成果也不断地得到肯定。以至于后来，当我继续攻读博士学位的时候，把市场营销和道德理论结合起来进行研究，就是顺理成章的事情了。

现在回过头来看，小锡老师对学问的理解一定是开放的、宽域的，一定是打破了自我设定的藩篱，用更广视域的思考甚至跨界的分析去开展学术研究的。

实际上，小锡老师的学问之路，就是跨界研究的典范。

20世纪90年代，在社会主义市场经济的汹涌大潮里，小锡老师始终秉持客观冷静的学者理性和满腔热情，围绕"经济"和"伦理"这样似乎不相融合的时代课题，博览群书，旁征博引，积极而扎实地做着功课。当《经济伦理学论纲》《经济的德性》《中国经济伦理学二十年》等一系列重要的论著不断呈现在学界面前时，小锡老师为长期处于相对边缘、惯于说教的伦理学研究，在理论和实践之间搭建了一座坚固厚实的桥梁。

原来伦理道德课题的研究不必回避现实，也不能够空发牢骚，而是要不断汲取经济发展的时代营养，去伪存真，讴歌正气，真正让道德之树生命长青，不断为我们所处的时代贡献高质量发展的智慧。

"千磨万击还坚劲，任尔东西南北风。"做学问需要一种境界，更需要一种品质。小锡老师的研究无疑是具有开拓性的，但正是因为这种开拓性，小锡老师的研究在争鸣中不断丰富和完善。实际上，学界的质疑和困惑，在小锡老师看来，反而是理论研究不断深化的压力和动力。

这种局面在小锡老师后续的研究中体现得更加明显，似乎也更有价值。

进入21世纪，小锡老师在开创经济伦理研究的基础上，进一步开辟了"道德资本"研究的新领域。将"伦理道德"和"资本价值"嫁接起来，不仅对于传统的伦理研究学者来说是一个巨大的挑战，对于传统的经济研究学者也是颇费思量的问题。所以，当看到六论"道德资本"的系列学术文章不断在杂志上发表时，我已经明显感到来自学界的"硝烟弥漫"。

真理不辩不明。2017年春节期间，我到小锡老师家拜年。小锡老师送给我亲自签名的三本巨著：《经济伦理学：经济与道德关系之哲学分析》《道德资本研究》（中文版）和 On Moral Capital。当我捧着小锡老师沉甸甸的学术著作时，我知道关于"道德资本"的争论，大体上应该是尘埃落定了。

小锡老师关于经济伦理和道德资本的研究，对于我攻读博士学位时开展的道德营销课题的研究也发挥了很大的牵引作用。

小锡老师很了解我的知识储备和工作经历。所以进入新世纪以后，我开始跟随小锡老师攻读博士学位时，小锡老师很自然地建议我把市场营销战略和道德价值分析结合起来，作为未来主要的研究方向。

受小锡老师的启发，我在研究中致力于探索一种新的营销创新模式。相比基于顾客价值的营销创新、基于信息技术进步的营销创新，我更看重道德价值的内在力量，认为基于道德进步的营销创新才是更根本的营销创新。我希望通过自己的研究，促进企业的营销能力建设不仅从战术层面提升到战略层面，更要进化到制度层面、价值层面，通过发展具有道德感的市场营销体系，为企业永续发展构建更加坚实的制度基础和动力机制。

要实现这样的目标，就必须引导企业建立道德化营销的"融入"机制。企业不仅要善于"识德"和"敬德"，更要勇于"用德"和"融德"，即把道德价值作为企业营销的"战略资本"，在营销目标设定、决策机制、制度架构、行为规范等方面进行统筹设计，用于指导企业开展更高层次的市场竞争。

关于道德营销课题的研究，同小锡老师开辟的"道德资本"研究一脉相承。在小锡老师的支持下，这项研究作为"当代伦理与发展研究丛书"的一项具体成果，以《道德营销论》为名出版，也算是对自己从事道德营销研究的一个总结。

特别遗憾的是，由于工作的关系，我渐渐远离了学术研究的环境，不得不花费更多的时间和精力参与到实际的经济建设中。

但是，曾经跟随小锡老师领悟到的许多关于社会发展的智慧和道理，特别是小锡老师所开拓的关于经济伦理和道德资本的理论研究和方法，以及小锡老师积极倡导的道德化生活方式，则是我终生受用的宝贵财富。

"大学者，大师之谓也。"小锡老师年近七十，仍然不辍研究，心系学子，从教治学，为人处世，为我们树立了光辉的榜样，正如一盏指路的明灯。同我们一起建构起来的，不仅是内心深处的那一条底线，更是远大的理想和情怀，让我们不忘初心，不畏艰难，不懈前行。

我和小锡老师相识了三十多年，情深似海。在我的心目中，小锡老师既是我尊敬的师长，更是我可亲可爱的兄长。

短歌怀旧

葛见珠

我本科在南京体育学院就读，学的专业是体育教育，毕业留校后任学生辅导员，为了能更好地服务学生，我决定攻读思想政治教育专业。我于2001年考入南师大，成为一名思政专业在职研究生，就这样无比幸运的，成为王小锡老师的一名学生。

不是科班出身的我，再加上文化功底较差，第一次研究生论文开题答辩时，我就被挡在了答辩室外。王老师帮我梳理，给我引路，鼓励我从头再来。在老师的殷切关怀和指导下，之后又经历了一年左右的学习、实践和打磨，我顺利通过了开题，并于2003年参加了论文答辩。我还记得，在论文答辩的现场，王老师对其他专家说："她一个学体育的，能把论文写成这样，已经很了不起了！"说实话，当时我差点泪洒答辩会场，不知道该怎么形容，就感觉有一股很强的力量自下而上托了我一把，给了我极大的勇气和自信。每每想到这，都很感慨，这句话对于我而言真的是字字如千金，这不仅是对我的论文、对我研究生期间所有的艰辛和付出的肯定，而且照亮了我前行的路。

虽然王老师日常的科研和教学工作非常繁忙，但他能看到每一个学生身上的闪光点，不遗余力地去放大、去成就，这和老师提倡的"美之道德、道德之美"是一脉相承的。毕业后的十几年里，王老师的这句话一直激励着我，不论在之后的学习和工作中遇到什么样的困难，想到老师的这句话，我就浑身充满了干劲。

研究生毕业后，我在负责院系学生工作的同时，兼任思政课的教学。在我的思政课上，我也把这个故事和每一届学生分享，不论一个人的能力大小，只要有坚持不懈、顽强拼搏的精神，始终向着目标去努力，一定可以成为更好的自己，我相信这个力量的传承是无限的。不少学生在毕业走上工作岗位后，都喜欢回学校来看看我，找我聊聊心中的困惑和迷茫。我感念王老师的谆谆教诲，学着王老师的样子鼓励我的学生们，帮他们树立自信，找寻人生的突破点，追求事业和家庭的幸福。学生们或许不知道，这一切，也正是因为我曾经也和他们一样遇到过各种各样的波折，是王老师点化了我，我才成为现在这样一个豁达自信、元气满满的我。

2009 年，我申报副教授的时候遇到了一些阻力，其实主要是自己不够自信。当时刚刚符合评审的条件，不少人都劝我等实力再强一点再申报。但是王老师鼓励我，既然已经符合条件就应该积极地申报。王老师得知我很担心自己的学术水平不达标，特地鼓励我说："你做辅导员做得很优秀，你所有的论文研究都是围绕辅导员工作，我们就是要评你这样专心工作的人。"王老师的鼓励从来不是那种泛泛之谈，而是因为了解，所以直指人心。最近两年我又开始了新的工作，负责南体图书馆和信息化中心的工作，又是一片新天地。可以说，正是老师给予的强大的精神内核，让我在每一个新领域都能深钻细究、有所作为。

当年从南师大毕业以后，我内心有些惶恐，觉得自己不够优秀，跟其他师兄弟们的学术水平差距太大，怕辱没师门。有一次老师在南京图书馆讲课，我也带着一颗虔诚的心坐在台下聆听学习。讲课结束后，我去和老师打招呼，其他师弟们也正好在旁边，王老师特自然地向他们介绍，说："这是你们的学姐！"那一刻被认可的感觉包裹着我全身，我知道我先前所有的胆怯、担心甚至可以说是自卑，是完全没有必要的。自那以后，只要与老师有关的事，我会很大方地告诉别人：王老师是我的导师，我是王老师的学生。我以自己是学术大牛的学生而自豪，更因此不断地提升自己，不辜负老师的鼓励和肯定，要让大家都知道，王老师的学生，个个都是好样的！

最后想说，世人看到的大多是老师的卓越成就和学术造诣，而能耳濡目染老师的高洁品格、脚踏实地的学术作风的我们，实属此生最大之幸。

随园三件事

顾中亚

有人说：历史长河，一泄而过；人生小溪，转眼即逝。然而，不管是历史长河还是人生小溪，于人的一生而言，总会有对自己影响甚大的人。我曾认真地回想，发现自己其实挺幸运的，因为不管在人生的哪个阶段，总有人会帮我端正态度，克服困难，指导我走好人生的每一步。其中王小锡老师更如同一盏明灯，对我影响至深。上大学以来将近三十年的时间里，不管是以学生还是以下属的身份，总与王老师相处愉快，获益良多。我将印象最深的几件事写下来，以念师恩。

王老师家的猪头肉

猪头肉是猪身上比较次一点但却很解馋的肉。然而不要说猪头肉，就是猪肉，直到宋朝时，仍然不是士大夫阶层、贵族们的主要肉食，或者说当时吃猪肉的基本都是生活在社会底层的贫苦大众。苏东坡就讲："黄州好猪肉，价贱如泥土。贵者不肯吃，贫者不解煮。"但苏东坡先生不仅大吃，还吃出了很多花样，如做出了著名的东坡肉。现在，喜欢猪头肉的人很多，但我想，人们喜欢它的原因恐怕不在于它的贵贱，而在于它的内涵丰富和它的朴实、实在。你看，它名字不高雅，但香气独特，当把一块半肥半瘦的猪头肉放在嘴里慢慢咀嚼时，充足的油水，特有的香味，一种满足感会随之在自己的口腔漫延开来，顿时感觉人生是如此之幸福。正所谓："口之于味者，有同嗜焉。"

熟悉的人都知道我是个肉食主义者，无肉不欢，其中尤以猪头肉为最。我真正喜欢上猪头肉却是因为在王老师家吃的一顿饭开始的。那时，我才开始工作，记不得因什么事到王老师家，只记得王老师那时还住在南师大随园校区的西山住宅区。晚饭时间到了，王老师、郭老师热情地留我吃饭。当一盘买自扬州路菜场卤菜摊上，烧得烂烂的猪头肉端上桌，油脂的光亮挡不住地外溢出来时，那份悠悠的诱惑是那么强。桌上的菜很多，量也很大，但现在记得的只剩那盘猪头肉了，当然还有王老师跟我聊的人生和理想，从此我就爱上了猪头肉。后来也吃过猪头肉，甚至自己也寻至扬州路菜场同一家卤菜摊上买过相同的猪头肉，但似乎味道总比在王老师家那次吃的差了不少。

这段经历深深地烙在了我的脑海中，以前体会到的是关心，是温暖，是美味。现在每每想起，与王老师的长期相处中却更让我有了另一种感受——体会到了王老师待人的真诚，我也从那美味的猪头肉里吃出了人生的味道和情怀。王老师为人就是这样，真实且真诚，实在有内涵。

王老师的文章

有人说，"文章本天成，妙手偶得之"，也许是。有人却说，好文章是改出来的，我深以为然。

如果有幸到王老师的家乡溧阳参观，就会在天目湖公园看到一石刻傲然矗立，上有1300多字的《溧阳赋》，全文藻饰不落俗套，用典规范可靠，讲究思维逻辑和写实主义，是一道亮丽、独特的人文景观。《溧阳赋》的作者就是王老师。我曾看过《溧阳赋》第三稿，那时王老师还在不断地请教词学家、历史学家等，以进一步修改、完善此文，待《溧阳赋》最终稿出来，至少已经十易其稿，其中对每一个字的仔细推敲、每一段内容的不断修改到了苛刻的地步，最终稿跟最初稿相比已经发生了翻天覆地的变化，文章的意境得到极高的升华，成为一篇经典美文！其实，又何止《溧阳赋》，无论是一篇随笔、一篇学术论文、一部学术著作，还是一个理论体系的构建，王老师都认真对待，经过不断思考、不断完善，千锤百炼之后才最终成型。一篇篇经典文章的完成，离不开王老师的勤奋与坚持，正如爱因斯坦所说："智慧并不产生于学历，而是来自对于知识的终身不懈的追求。"所有的成功都离不开汗水，离不开勤奋！

王老师是以学问为生命的人，他以读书为乐，从不觉苦。王老师年轻时在中国人民大学伦理学高校教师进修班学习的一年时间里，足足写了30余万字的备课和读书笔记；人到中年，他仍然克服重重困难，在湖南师范大学伦理学专业攻读博士学位，并且读书、工作、科研三不误。

到王老师家，总会感慨于满室的书籍。偶尔，我们这些弟子会到王老师家打牌休闲，但王老师从不参与，只是每过一段时间来给我们倒茶换水，倒完水，自己又到旁边看书。所以我们有时开玩笑说，在王老师家打牌，有著名大教授为我们端茶倒水，打牌档次极高。也正因为王老师从不浪费多余时间用于打牌这些休闲娱乐活动，故王老师拥有"王不败"的美誉（因为从来不打牌，所以从来不会被打败）。王老师的时间都是"挤"出来的，放弃休息，放弃休闲，减少睡眠，从而增加了学习和研究的时间。王老师的好文章确实是"改"出来的，但更准确地说是他用高度的敬业精神、从不松懈的努力和日积月累的坚持换来的。

王老师的微笑

王老师并不奢华，但注重在学生面前的形象，从来都是衣服整洁，脸上带着笑容。在我的心目中，王老师不仅是一位老师，而且是一位温和的长者。

记得上大学时，王老师给我们上"伦理学"课，他总是面带自信的微笑，用深厚的理论功底，把枯燥的理论讲得生动，他时而把我们带到学术的殿堂，让我们在学术的海洋里徜徉；时而用现实的案例，让我们进一步明辨是非，追求至善。

后来我大学毕业了，工作了，留校了，当遇到困难、拿不定主意的时候，还是会去找王老师，寻求他的建议和帮助，他每次都耐心地给我行之有效的建议，给予我帮助，当然，也总是面带善意的微笑。

当我迷茫纠结的时候，王老师会认真帮我分析情况，确定短期和长期目标，做好规划，而不是简单地说"你要努力学习，你要努力工作"。他告诉我，越是迷茫的时候，越不能放弃，越要坚持。即使没有遇到困难，王老师也会以过来人的体会，跟我说很多激励的话，同样面带真诚的微笑。

王老师的微笑让我们感受到理解和信任，王老师的微笑也将我们心灵上的尘埃扫去，鞭策我们不断前进，更让我们感受到这个世界的美好。

也来凑个热闹

郭建新

2018年初,达淮、志祥提议为王小锡从教四十周年开一个经济伦理学研讨会,既可以促进经济伦理学的研究,也为导师致力于一生的教学和研究画一个句号!

当这一提议在"道德资本"群里发出后,群里顿时热闹起来,大家纷纷点赞。一开始我作为"旁观者"感觉这件事与我没有什么关系,但是,很快,河南财经政法大学朱金瑞的一篇文章《春风化雨 亦师亦友》在群里发出,看完我流下了幸福的泪水。之后,夏明月、张晓磊、刘琳、汪洁、张露、高朴、尹明涛、姜晶花、范渊凯、陶涛、江勇等的20多篇文章纷纷发出,篇篇饱含真情都让我感动……

余达淮的文章中讲到的在阁楼上讲课的情景似乎就发生在昨天,这让我联想起在更早的时候刘琳、汪洁她们来家里谈硕士论文的情景,那时我家的住房还是南师大刚分给我们的西山的单室套,那时连装个分机电话都是奢侈品,家里很简单,一点都没有装修就带着2岁的儿子搬进去了。在仅仅只有7平方米的客厅里,一杯清茶就足够畅谈一个晚上。再后来，房子换大了，电话也普及了，尤其是手机普及之后，家里就几乎没有人来了，更多的是去茶馆交流畅谈……

记得在儿子出生2个月不到时，王小锡要去中国人民大学罗国杰老师那里进修一年，这次被称为伦理学"黄埔二期"的学习奠定了他未来学术的基础。当时为了支持他，我带着儿子回到父母家里。当时父母都还在工作，我最亲的外婆摔断了腿躺在床上，连起床如厕都要搀扶……在这样的状况下，我这个从小被外婆宠大的"娇小姐"竟锻炼成一个"文武双全"的女汉子。那时，王小锡在北京基本上是一周写两封信回来，每次父亲把信拿回家都要说一句，"花这么多时间写信，要影响学习的"，所以我大约只能两周回一封信，并要他少写信、多学习。直到儿子11个月时，他也到了要放暑假结束学习的时候，我便带着儿子从南京去北京，王小锡提前买好公交月票，我们抱着儿子第一次乘公交游览了北京的故宫、长城、天安门等名胜古迹，虽然辛苦但很幸福快乐。

说到这第一次去北京，在路上还有一段奇遇。当时去北京我只能买到卧铺的中铺票，下铺是解放军理工学院的领导，他们看到我们娘俩，二话不说就把下铺让给了我们。说来也巧，一个月后我们一家回南京时，又没有买到下铺票，上来的竟然还是他们一行，二话不说，他们又把下铺让给了我们。遗憾的是当时连电话都没有，之后想感谢他们，却找不到他们了。现在我尽我所能托了不少人找他们，但是回音是"学校这样的人很多，根据年龄算也早就退休了，根本找不到"。现在只能希望看到这个信息的人，能够帮我找到他们，了却我们一家人表达感激的心愿！

总之，也就是1982—1983这一年在中国人民大学的学习，让王小锡成为一名伦理学教师，他的伦理学课也成为非常受学生欢迎的课程。记得一次去教室找他，正在和他说话时，一个学生出来，向他鞠躬，表示对他授课的认同和赞赏。

在那时我们家经常会提到一个恩人——时任南京师范大学政教系主任、后任南京师范大学党委书记的冯世昌老师，没有他在1982年批准王小锡去中国人民大学进修伦理学，王小锡也许就是一个从事学生工作一辈子的老师。从中国人民大学回南师大后，王小锡没有让冯世昌书记失望，他继续担任系团总支书记，同时加倍努力地在晚上备课、编教材、写学术文章，通宵工作只为不辜负领导、老师和学生的期望。之后他在教研生涯尤其是担任公共管理学院院长期间，几次遭遇困境，都是冯世昌书记和公管院老教师们的支持，帮助他渡过难关，造就了他事业辉煌！师恩难忘！

现在经常听王小锡如数家珍地与朋友说他的学生，感受着他自豪的话语和对南师大的那份情感，我也在不知不觉中为他骄傲！

现在日子好过了，感觉时间真是过得太快，弹指一挥间，眨眼间王小锡到了从教四十年画句号的阶段，我看着经济伦理研究团队欣欣向荣的情景，不由自主地也来凑个热闹，为经济伦理的研究助威，为后继之秀们加油！

随园记事

贺承瑶

　　第一次见到王小锡老师是在 1998 年 5 月纪念五卅运动的大学生座谈会上。会上，王老师温文尔雅，娓娓道来，把民族传统和道德理念说得生动具体、亲切入理，给在座的学生们留下了深刻的印象。经南京师范大学团委刘军书记的推荐，我认识了王老师，并和王老师愉快地短聊了几句。那时就有个感受，能做王老师的学生，那一定是极好的。

　　也是人生机缘，1998 年 7 月我开始准备考研，原来选的是南大的导师，因故该位导师当年不能扩招学生，而我好不容易下定了考研决心，正是一鼓作气之时，哪肯就此罢休。于是我主动找单位领导，再去联络南师大的刘军书记，决定转投王老师门下。说实话，那时并没有信心和把握，虽然离校时间不长，但所有科目都还没有开始复习，更何况王老师教的"伦理学"我没有学过，而且那时刚到团省委工作，活动多、任务重，非常繁忙。而我考研心切，决定一试。当年 9 月的一天，我硬着头皮去拜访王老师。记得他那时住在随园校区的小山上，我担心王老师不喜欢无基础的学生，担心王老师现场考基础知识让我难堪，在往山上去的石阶上徘徊了10多分钟。转而想起王老师那和蔼的神情，说道德聊精神的专业范，我又鼓足勇气，自带豪情地走入了王老师的家。此时秋老虎尚在发威，王老师手摇扇子，站在门口，桌上的饭菜还冒着热气，显然是刚从厨房忙活出来。著名教授还能洗手做饭，让我油然生敬，一下子感到王老师的平易近人。王老师简单问了我几个问题，特别问了我："什么是道德，什么是不道德？"他还用手中的茶杯举例说明道德对人的作用。好在我事先有点准备，虽然回答得并不十分准确，但也看得出是有备而来，王老师没有不悦。小坐后告辞，王老师告诉我今年考他研究生的人很多，竞争激烈，让我放下南大毕业生的架子，做好充分的思想准备，好好复习，认真考试，争取加入经济伦理学的研究行列。

努力复习考研的那段时光，仍是我人生中最美的奋斗岁月。我咬牙从那时不多的工资中拿出大部分来在南师大旁边租了间房，每晚下班后，到校园里找教室自习，学习到熄灯清人关门，总是伴着深夜校园内的昏暗路灯，在校门口买两个茶叶蛋回到出租屋内。记得有几次因为工作加班耽误了复习，还在校园里找通宵教室上自习，劲头十足。

南师大校园被喻为东方最美丽的校园。复习时期的周末，我特别喜欢拿着书本走到湖边，绿树临水，秋花映人，鸟声袭来，笑语满园，那时早已忘却了复习的辛苦，怀揣着对未来的憧憬,心想着,即便是不被录取,也不枉天天在这美丽的校园中漫步。那种学习的动力,是这校园无声的润化,是王老师那亲切笑容的润化,而这两者,又是那样的相得益彰。

所幸的是,两个多月的努力让我涉险过关,终于考上了王老师的研究生,成为最美校园里的一分子。记得接到录取通知书的那天,我给王老师打电话表示感谢,王老师说:"后面更辛苦,还要更努力。"想来王老师对学生们都是这样严格又期待的吧,他的严格鼓励和平实教育让学生们有了更多的学习动力。

王老师上课极为认真,除了自己写的书,他还有很多手写的讲义。每次课都有一个主题,每节课都有很多实例。王老师有深厚的经济、历史、哲学、政治学科知识和修养,而且深谙教育心理学,讲课中既循循善诱,开启心智,又环环相扣,广征博引,领着我们这些伦理学的外行迅速入门。王老师还广泛涉猎中外各类书籍,讲课中时常引用和比较一些中外的观点让大家对伦理学领域和范畴有着全面的认识。课后,王老师开出大量书单给我们,定期地检查我们阅读的成果。那时对于我这样一边上班一边读书的人而言,真的很有压力。

王老师带领的南师大经济伦理学专业在国内名气渐大,时常会邀请一些学术名流来校做讲座。记得我们研究生一年级下学期,王老师带着院系承办了全国伦理学会的年会，罗国杰、焦国成、樊和平、陆晓禾等很多伦理学大咖都来出席会议并做学术演讲。作为主场，王老师给南师大伦理学专业的学生争取了一个发言的机会并把这个机会给了我。我当时真的毫无准备，一下子慌了神。王老师安慰我说："不要怕，要有初生牛犊不怕虎的精神。"好在会议中间有半小时的休息时间，我翻翻自己的书本，理了理思绪，运用王老师给我们说过的经济伦理精髓，对温州模式的精神实质谈了自己的看法，对一些大咖的见解提出了自己的不同意见。没有想到，发言的效果很好，几位其他学校的学生纷纷起来与我辩论，而我大有舌战群儒的架势。还是主持人及时控制了场面。王老师对我投以赞许的目光，会后罗国杰老师也高兴地拉着我合影，为我的伦理生涯画上浓重的一笔。

王老师不仅治学严谨，还是个很有生活情趣的人。记得二年级时他搬了新家，特意把我们带到他新家的阁楼去上课。房间里布满了照片，摆满了植物，在许多细节上比如楼梯、门把手、玄关等地方都有着"伦理"化的考虑，王老师和师母一起创造了一个宁静舒适的读书环境。王老师还现场以例教学，告诉我们："要有这样的好环境，得有好的经济基础，而且经济来源要正，才能达到这种心和物的共同宁静。这种经济伦理在实际生活中的小体现，时常发生在我们的身边，只要用心观察和体会，就能提升我们的道德境界。"这节课、这番话给我留下了特别深的印象，二十年后的今天，我还时常用来提醒自己，在创造美好生活的过程中，始终要遵循道德规则，生活才会心安祥和。

王老师不仅教授我们知识，还让我们参与研究。三年级开始做毕业论文了，王老师从自己的研究课题中分出不同的内容给我们，并详细地讲解了研究思路和写作方法，时不时地还要检查大家的进度。我在写作论文《论社会主义制度下的伦理道德建设系统工程》时，王老师亲自指导，大到我的开题报告和论文提纲，小到一些小标题和资料引用方式，他都提出了具体而有针对性的修改意见，让我学到了课题研究和论文写作的方法经验，启发颇多，受益匪浅。后来，我的论文获得了校方好评，我也顺利通过了研究生论文答辩，也为我顺利考上南大伦理学专业的博士奠定了基础。正是因为王老师平时严格要求我们，考试答辩时我们才会感到轻松，学习才能坚持长远而备有乐趣。

可惜时间飞快。回想跟随王老师学习的三年时光，有辛苦也有收获，有欢笑也有泪水。虽然后来没有师从王老师读博，但王老师的为人治学方法、做事处世技巧时时出现在我的脑海中。如今，王老师在桃李满天下的同时，已经取得更大的学术成就，成为全国乃至世界知名的经济伦理学专家名师，但他仍是谦逊地、一如既往地教书育人，治学深研，时时做我们大家的楷模。良师如父，良师如药，良师更如灵魂，王老师的伦理思想、道德品格、知识修养已然随着三年的学习时光深深刻进我的心中，并将伴随我一生。

　　虽然我不再做学术研究，也鲜有成果与大家分享，但我会用伦理的精神来工作，用道德的情怀来生活，永远做一个伦理人。祈盼王老师站上世界伦理学术的顶峰，祝愿王老师带领的经济伦理学团队取得更大的成就，祝愿我们的伦理之家更加红火！

学贵得师

黄军伟

"经师易遇,人师难遭。"2020年,恰逢王小锡教授从教四十载,我有幸入师门也有十一年了。都说时光总是在不经意间抹去岁月的印记,但在2020年这样一个注定不平凡的年份里,悉数我和王老师的师生情缘,那些时间和过往却如同定格一般逐渐变得一一可见。

1991·师生为邻,桃李不言

20世纪90年代,是一个有着无限遐想和无数可能的时代。在西方经济伦理学尚未影响国门之前,中国第一本研究经济伦理学体系的学术著作《中国经济伦理学》出版和第一篇学术论文《经济伦理学论纲》发表,并在学术界引起巨大反响。这个人不是别人,正是我的"近邻"、政教系王小锡老师。说是"近邻",因为1991年我本科毕业选择留校工作,也意外地选择了与王老师为邻。那时,王老师所在的政教系在随园700号楼一楼,而我所在的教育系在二楼。对王老师印象最深的,除了睿智和温和的形象外，就是对于"但凡能买到的伦理学书籍他家都有"传闻的好奇了。可以说，这份好奇心满足了我当时对"学者"一词的所有想象。桃李不言，下自成蹊。每次相遇，我都会由衷地叫一声"王老师好"。时过境迁，我已不能确定，王老师是否还对当时那个高个子少年留下些许印象。但无论如何，这是一个学生对老师最真诚、最朴素的问候。

2005·备预不虞，失之东隅

2000年代，是一个日新月异、岁不与我的时代。这时，距离我留校工作已逾10年。10年间，成家立业，结婚生子，工作也渐入佳境。2005年，已过而立之年的我，奋战在校团委书记岗位上已满一届，但作为当时南师大最年轻的中层正职干部，在工作中奔跑的同时，对于学业的追求，我也一刻未敢停歇。于是，在这一年，我走进了博士研究生入学考试的考场。教育学专业出身，几年倾注心力的备考，信心满满的我，最终却在两门专业课成绩遥遥领先的情况下，以几分之差失利在英语考试中。祸兮福之所倚，福兮祸之所伏。谁也不知道，这次与心理学的失之交臂，却冥冥之中促成了我与王老师在伦理学领域的不解之缘。

2007·心理伦理,柳暗花明

2007年前后,我与王老师在仙林宾馆偶然相遇了。王老师主动地关心起我学业来,这着实是我未曾想到的。从1991年的师生相邻,到2005年的坎坷境遇,10余年的过往,我不吐不快,竟有与王老师相逢甚晚之感。在听完我招生考试工作的经历,以及对当下考试诚信的一番思考后,王老师突然攘臂而起:"以你的实践经历,不尝试研究一下考试伦理,学以致用,用以促学呢?我看相比心理学,你更应该学伦理学。"一句经意或不经意的鼓励之言,却在当时让我有了柳暗花明又一村的感动。于是,我开始有意识地结合自身工作,涉猎一些伦理学相关的书籍,不成想,却由此开启了我从心理学到伦理学的转向之旅。半年后,我再次在去仙林宾馆的路上得遇王老师,一路步行,七八分钟,又一次谈起了对考试伦理的思考。与上次的实践导入不同,这次我竟班门弄斧阐述了关于考试伦理问题的理论思考。不料,王老师听后大为欣喜,当即鼓励我报考伦理学的博士研究生。正是这句鼓励,在求学路上给了我莫大的勇气和动力。

2009·学贵得师,收之桑榆

2009年,在准备了近两年的备考复习之后,我再一次踏入了博士研究生入学考试的考场。不同的是，上次选择的是心理学，而这次的志向却是伦理学。有志者事竟成，最终我得偿所愿，成功地考取了伦理学专业博士生，得以师从王老师，开展研究。时隔近20年，我才亲自验证了之前关于"但凡能买到的伦理学书籍他家都有"的传闻，王老师家中的书用汗牛充栋来形容也毫不为过。记得第一堂课，他就给我列了一张100本必读伦理学书单，并非常肯定地告诉我："你只要把这100本书读完了，博士研究以及博士论文就迎刃而解了。"他还开玩笑地说："如果你读了这100本书，博士论文还写不出来，那我帮你写！"在我看来，这句玩笑话不只是对我的鼓励，更是谈笑风生间一名优秀教师一辈子言传身教的自信与魅力。说实话，由于工作繁忙的原因，我没能把这些书看完，但其中的很多书，尤其是与考试伦理相关的书籍，在我从事博士研究和进行博士论文写作时，的确给予了我莫大的启迪。如今，回顾博士论文成稿过程的点点滴滴，从选题框架的敲定到论文定稿，从创新点的凝练到重难点的突破，从论文开题到论文答辩，王老师甚至用自己的休息时间为我一一把关。记得每次去王老师处聆听论文的修改意见，他都会与夫人郭建新教授以及其他教授或者师兄师姐一起研究探讨，为我指点迷津。

2020·"无趣""有趣",情缘继续

2020年,王老师从教四十周年。悉数四十年的教学和学术生涯,王老师始终以问为导,寓教于学,称得上是一个极其"无趣"又极其"有趣"的人。说他"无趣",大概是因为他平时最大的爱好就是琢磨问题了,在饭桌上,或是谈话交流时,他会突然走神并陷入深思,神游四野,思接千里,在某一个点上灵光一现,突发奇想。说他"有趣",大概是因为他时不时冒出一些自嘲之语,如他曾经说过牌桌上他是"不败将军",从来没输过,当人人都以为他是一个牌场高手的时候,他却说其实是因为他从来没有打过牌,所以也就从来没有输过牌。试想一下,如果不是这样一个既"无趣"又"有趣"的人,大概也就没有今日著作等身、桃李满天下的成就了。2012年,在王老师的言传身教下,我的博士论文得以完成,并顺利通过答辩,取得哲学博士学位。2013年,在王老师的鼓励下,经过多轮竞争,我获聘为南京师范大学博士生导师。

春风化雨,润物无声,王老师的教育故事还在书写,我与王老师的师生情缘还在继续。

求索路上的严师慈父

江 勇

南京鸡鸣寺的樱花烂漫盛开之时,纯洁的气息晕染着整个春天;玄武湖的荷花含苞待放之际,粉红的思念静默着整个夏天;栖霞山的枫叶随风摇曳之日,满山的火红舞动着整个秋天;明孝陵的梅花展露风骨之中,勃勃的生机镶嵌着整个冬天。花下也从不缺成群结队的莘莘学子,他们用手机、相机在拍下眼中风景的同时,也成为别人眼中的风景。

回想高中时代的自己,从未想过有一天会考取南师大这所百年高校。那时我最大的愿望,也只是想努力考进一所还不错的二本院校。我总算运气不错,在高考时发挥超常,考上了南京师范大学。带着些许兴奋、些许紧张,更多的是一丝懵懂与憧憬,我来到了这个改变我命运的学校,遇到了改变我命运的老师。

由于对未来充满着迷惘与不确定,填写志愿时我也迷迷糊糊地就选择了行政管理专业,来到了公共管理学院,从此就看见了许多老师,听着许多新鲜的课程,参与丰富多彩的社团活动。也就是在本科的生活中,我接触并认识了师父。

"院里要给本科生安排导师啦!"这条消息一出,顿时在学生中掀起了阵阵热潮,"本科生导师是负责什么的?""我们可以随便选导师吗?""是不是最后毕业论文指导老师就是这个老师?"……而在大家议论之际,我早就想好了自己的选择——王小锡,那位时常被家乡人挂在嘴边、无数溧阳学子心中的榜样。

所幸忐忑不安的时间不算太长,没多久,我就被告知,导师正是师父。犹记初次与师父见面,那种偶像突然出现在眼前的紧张与拘束,却在师父三两句话中被抛至九霄云外,剩下的只有亲切。"你是溧阳人啊,我们还是老乡咧!以后经常过来交流啊!"从师父办公室出来,我心里突然就多了一丝安定,仿佛漂泊已久突然又寻到了组织一般。只是那个时候,我却并未想到,几年后的自己,会真正成为"王门"的一员。

"以后打算做什么?考公务员还是找工作?""我还没有考虑好,可能先考公务员试试吧。"即将面临又一人生选择的我,在未来方向的选择上尚未开始考虑,师父却早早地找到了我:"人生大道有三条,当官、赚钱、做学问。你想想,你选哪一条?""我还没想好……""我觉得你应该试试做学问,你能静得下心,有做学问的基础。你的人生究竟想做什么,你可以认真考虑一下。"是的,我的人生想要做什么?想要成为什么样的人?师父一句话突然让我又想起了自己的初心——踏上师父走过的路,追寻他的足迹前行。

有一种人，当你远远观望时，看到的只有他的光芒；只有靠近他，才能发现，那些光芒都是汗水在闪烁。师父无疑就是这样的人。记得读研时，师父给我们上的第一节课："读书笔记，10万字；备课笔记，25万字，这就是我学术生涯的开端。学术上想要出成果，是没有捷径可循的。"师父也不止一次和我们这些弟子说过："男同志每天学习到一两点，女同志可以早一点休息，学习到十一点，坚持五到十年，必有成果！"师父总是这样，用最简单的话语，传授最珍贵的经验。

时常会感觉，读研期间的师父好像和原来不一样了。后来才发现，之前和师父交流，他总是随性幽默；后来的师父，变得严厉又不失慈爱。在和师父将研究方向确定为企业伦理后，师父告诉我，企业伦理的研究，不仅需要充实自己的理论知识，更要有足够的实地调研。不久后，师父推荐我去《光明日报》做实习记者。"去锻炼下自己，一方面提高自己写的能力，另一方面利用这个机会多做下实地调研。"于是，利用采访的机会，从南京到盐城、从苏州到扬州、从连云港的恒瑞医药到南通的中天科技……半年期间，我跑遍江苏13个省辖市，调研了大大小小数十家企业，总算为自己的毕业论文搜集到需要的数据。正是由于在《光明日报》的实习机会，在师父的指导下，我也成功地在《光明日报》上发表了自己的第一篇理论文章。

师父爱读书、爱写作，享受着"道德资本世界"的创造过程；师母爱摄影、爱旅游，欣赏着光怪陆离的大千世界。看似两种不同的生活模式，却都是追寻着美的世界，着实让人羡慕。

孔子说，人生四十而不惑；师父说，劝君三十而不惑。"要想取得比常理或常规更辉煌的人生成就，那就应该努力争取实现三十而不惑。"马上我也到了三十而立之年，想到如何达到"不惑"的境界，可能也只有坚持多学、多练、多思、多干而已。至少尚未而立的我，早就被师父告诫过，顺境不得意忘形，逆境莫自暴自弃，名利应淡然处之。这也许是可以提前摸索到"不惑"的法门吧。

结婚是人生最重要的一步，去年的我踏出了这一步。在婚礼上，师父作为证婚人，见证着我走上另一个人生阶段。尽管我和妻子早已确立恋爱关系，但不可否认，在这段恋情的保持与发展中，师父也一直担任着隐形"媒人"的角色。他不仅为我的学业操心，也以身作则地向我传授"为夫之道"。婚礼那天，师父很欣慰，为我终于成立家庭而欣慰；我很自豪，为师父给我证婚而自豪。

回忆过往，蓦然发现，成长的过程中处处都有着师父的痕迹，或作为榜样而激励，或作为严师而督促，或作为慈父而关心……有师如此，夫复何求？我是幸运的，幸运的是那年高考的超常发挥来到南师大，幸运的是能那么早在南师大遇见师父，更幸运的是未来的几年，我还能继续跟在师父身后学习！

吾师其人

姜晶花

前些日，我与硕士研究生们深读《论语·先进》时，忽遇一情境，顿时爽笑不已。所读章节大致描述的是孔子与子路有关为学之主张，据《论语》记载，在孔子看来，子路是其弟子中较为鲁莽且德行略逊于颜渊之贤人，在此情境中孔子再遇子路之鲁莽与世俗，然哲人孔子之回答颇为风趣、睿智且包容。他理解子路但不认同，之后用一种较好的方式表达了自己的态度与立场，这着实和我导师平日与我们交谈时的风格相似，故读到此令我顿生此状。于是乎，沉静片刻，我对学生们说："知道吗，我的导师王小锡老师平日言谈也似此般风趣！"平日里，王老师与弟子闲暇交谈时，当遇观点不一致时他不直接道出，而是微笑示之，或深谈处以反语表达，这十分考验弟子们的思维。学生们知晓后皆灿然而笑。这就是我跟随王老师研读，老师留给我的最深印象。

当然，这仅呈现了老师与弟子们交往的一方面，不能穷尽老师坦诚、率真与豁达的为人处世之道。我的老师一辈子都在哲学伦理学殿堂中构筑精神家园，在从教几十载岁月中培育桃李逾百人，学生们都对其有不同角度的印象生成，丰富性可见之多。然，如若想真正走近老师，恐怕在其散文随笔集《德与美》中才能丰富感知与了然。我斗胆独断此言，但这确是一本集感性与理性、美与德一体的乡愁式尺牍。

饱含浓郁深厚的乡愁式道德情感

翻开封面颇具中华古典风韵的《德与美》时，山水天地、丹青水墨即刻融入一种海德格尔式的天地人之境。在这里，请允许我用"此在"式的存在类比此番"思"与"诗"的意境。在海德格尔看来，透过这意境，存在者的真理已自行设置入作品，遂然进入其闪耀的恒定中。那么，不妨据此细细体会下《德与美》中的一幅幅、一篇篇娓娓道来的图景文辞，它不仅散发出温润如玉的恬静，更呈现出老师情感浓郁的乡愁及对当今社会道德的美好主张。

老师是溧阳人，很庆幸我是老师的同乡人，这使得我在地域文化上得天独厚地与老师有着诸多共识，也可说是一种文化乡愁。老师在《老屋与竹园》中"穷相"的童趣，正是那物质匮乏年代溧阳民众生活的真实写照，对比现在青少年生活的丰盈，老师还是以那个年代独一无二的方式表达了他小小的却十分珍贵的心趣，没有现代化却富含自然天趣的茅草屋、鸡舍、水沟、乡路与竹林。同样，在《年味》中，老师将旧时溧阳年味通过猪头肉、肉圆、扎肝、红烧煮鸡蛋、炒米糖、实心汤圆、青菜烂面以及放鞭炮、贴春联、狮子舞等文化特色展现，然而这些在今天看似容易获得的东西，却被老师永远定格在他无比惦念的童年时代。以前我总听人说，"越是拥有越不太会珍惜"，对比老师儿时与现在对同一事物的认识，此话还挺有道理。似乎在突然间我明白了乡愁更深层次的意义，难怪中国伦理学会万俊人会长曾这样认为："文化乡愁意味着人们对亲情故土所怀有的一种天然的伦理依恋和道德记忆，这种记忆蕴含着深厚的道德伦理意义和特殊的人类情怀。"此番哲思性认识不正道出了老师家乡情怀的本然所在吗！

记得休谟曾说，人类的道德来自道德感，这里的道德感正是一种情感。老师深藏对故土家园的赤诚热爱，用漂泊游子的特有情怀完成他对故园之承诺。在《感恩家乡》中，老师这样说，"我一直怀揣着感恩之情"，实现"从穷孩到教授"的凤凰涅槃，这是"家乡溧阳这块土地养育了我，尤其是家乡民俗民风的熏陶"。可见，老师的精神世界中深刻着对故土浓郁的情感烙印。不仅如此，老师还在多篇文章中追忆往事，感恩师友与故人，如《在中国人民大学的日子里》《亦师亦父　恩重情深——怀念敬爱的罗国杰老师》等等。但老师并没有停留于此，他将这份赤诚之心与学术完美结合，在感性之树上开出理性之花，如在《长江老鳖》中，老师基于道德敏感赋予老鳖以性灵与仁爱特征，呼吁人们保护生灵；又如在《一块魅力无限的"情感磁铁"》中，老师将自然山水情志与伦理理性浑然一体于文化情怀中，启发乡人愈加怀念故土。林林总总，宛若荀子在《儒效》中所言："不闻不若闻之，闻之不若见之，见之不若知之，知之不若行之。"我想，一个人是在生命旅程的诸多事件中将特殊的道德情感融入日常行为之中，从而实现生命的意义。老师也是如此践行的。也许，正是这份坚持与耐力，使得深耕学术殿堂的老师著作等身且名誉头衔甚多。其中，我认为"道德资本家"的头衔最能体现老师的学术志趣与独到风格，在《德与美》的下篇就呈现了道德资本的诸多学理智慧。

深蕴和风清洁的学理式审美情趣

一般而言，人类的道德主张中交织着自然人化、积淀和文化心理的诸多因素。在我看来，这种因素也是审美情趣产生的重要条件。《德与美》中有多篇文章都闪现着老师无目的性的审美情趣。当代学者李泽厚先生在《华夏美学·美学四讲》中将审美情趣分为三个层次，即悦耳悦目、悦心悦意、悦志悦神。无论是对于耳目、心意抑或志神这种精神层面的愉悦，老师在文中皆不同程度地深蕴着一种审美力，更为可贵的是，这种审美力深蕴在其和风清洁的学理中，以至于一种合目的性的生成。

美是具体的，老师对南京师范大学仙林校区的采月湖颇为欣赏,在《采月湖》中他说起曾夜游到此,被湖的气质和韵味深深打动,遂将皓月、湖镜和鱼儿全然囊括在他星空式的审美趣味中,甚至将此中的黑天鹅和情人坡赋予了浪漫雅致的拟人化诗意气质。老师笔下的《随园》勾勒出这座"东方最美丽的校园"四季山水的惊异与古雅,从某种意义上,这不亚于清代诗人袁枚的《随园记》。还有,《家乡白龙寺》中的"率真""同在""观自在"被老师细腻地刻画在自然的趣味中,引得诸多乡人慕名去体验与观赏。当然,更值得一提的是《溧阳赋》和《天目湖颂》,其中《溧阳赋》被刻于天目湖山水园中的青石上供游人鉴赏,每当络绎不绝的游客游览至此时都会驻足而品。文之审美趣味离不开图之优雅装池,在这里,特别一提的是师母郭建新老师,恰是师母高超的审美鉴赏力与卓越的摄影技术实现了《德与美》在更高审美意义上的图文并茂。

不仅如此,审美力在洞穿耳目、心意后直达志神之境。据李泽厚先生的理解,这种悦志悦神是人类最高等级的审美力,"是在道德的基础上达到某种超道德的人生感性境界"。除此之外,我认为这也是激发人类勇气去超越一切有限的可能。老师平日总对我们说:"尽到努力,顺其自然。"他甚至在《德与美》中将此上升到人生定律的高度,界定为人之安身立命的重要依据和应有的重要生存依据。言外之意是,在经验的世界中不可能把握世间一切,因此,老师"劝君三十而不惑",做好自己。不仅如此，老师还将此引入超验的哲理层面，他在《漫谈人生境界》中从宇宙的浩瀚、时间的无形和人的渺小中，发出"人要活得像个人，成其为人，应该追求伟大，追求永存，追求不朽，这才能成为境界高尚的本真意义上的人"的主张。对此，我十分认同，这正是一种审美的最高境界。甚至，老师主张的"一切都是定了的"更达深远，这种纯然的先验知性认识使得我大胆猜测，老师在精神层面是否已然跨过从此岸世界走向彼岸世界的那座桥，进而规律地把握宇宙法则和人类集体的某种深层结构抑或是其他？我不得而知。但，如若人都抱有这种超然心态，该多么和风清洁，又该多么富有审美趣味！我想，缘起于自然的萧然意远、旷达恬静恰是现代人反抗今天浮躁、功利世界的有效方法。不然，老师在《德与美》中怎么会凝练出如此多智慧的道德箴言呢？

在翻阅《德与美》时，我大胆生成了对老师的肤浅印象，这一定不全面，如若老师看到，请务必谅解我的草率与简单。完毕之际，忽然我脑海中闪现出老师重重的两声笑声……

2018 年初冬于金陵秦淮河畔

一个学者　一支队伍　一片天空

李志祥

我要说的"一个学者",是南京师范大学王小锡教授;"一支队伍",是南京师范大学伦理学研究团队;"一片天空",是中国经济伦理学学科。三者之中,王小锡教授是灵魂,他建立了一支队伍,引领了一片天空。

一

20世纪90年代我来到南师大工作,正是从那时起开始认识王小锡教授的。王教授个头不高,但精神很好,说话带点江南口音,非常有感染力。刚一接触,就能感觉到王教授很有亲和力,愿意帮助年轻人。当时的王教授在学术圈颇有名气,是中国伦理学会的副会长;而我刚刚硕士毕业,又来自其他高校。但王教授不管这些,把我当成自己的亲弟子(若干年后我如愿成为王教授的第一个博士后),不管是做课题、出著作,还是写论文、搞活动,他都会把我带上,进行无微不至的指导。我至今记忆犹新的画面是:在我那间由走廊改成的小房子里,王教授和我一起趴在电脑前,他一边用报纸扇着风,一边指导我修改论文。

后来接触多了,我发现王教授是一个醉心学术的人。他当时还是副院长(后来晋升院长),有很多应酬,但他极少喝酒,每次都是象征性地陪客人喝一小杯。我起初还以为他不会喝酒,后来才知道,其实王教授酒量不小,饮酒少是为了保持清醒,回家后还能再看看书、写点东西。王教授从不打牌,就连江苏人聚会必玩的"掼蛋"他都不参加,每次都推说自己不会。其实大家心里都清楚,一个能把各种学术术语运用自如的教授怎么可能不会打牌呢,他只是不想把时间浪费在上面而已。

二

王教授做研究,从来不是自己一个人做,从来不是把自己做大做强就可以了。用我们的标准看,他早就是一个功成名就的大学者了,报课题、发文章、拿奖项,都是比较容易的事情。可是王教授志不在此,他想要的不是一个人的发展,而是一个学科的发展。为了发展伦理学,申报伦理学博士点,王教授动员和引导哲学系所有的老师,在自己专业研究的基础上向伦理学方向适度倾斜。于是,原本做国外马克思主义哲学的张之沧教授开始研究西方马克思主义伦理思想,原本做西方哲学的陈真教授开始研究美德伦理学，原本做生态哲学的曹孟勤教授开始研究生态伦理学……直到整个哲学系发展成了一个大伦理学教研室，并于2006年顺利拿下了伦理学二级学科博士点。

在集中全系力量发展伦理学的同时，王教授还积极组建了一支经济伦理学研究队伍。当时，学校里研究经济伦理学的人并不多，与王教授同时代的学者都已经有了固定的研究方向，不太可能转入新的研究领域。为了发展经济伦理学这个新兴学科，王教授充分发挥了两个方面的力量：一个是像我这样研究方向还没有固定的青年教师，另一个是像王露璐（后来调入南师大，并于近年成功申报国家社科基金重大项目"中国乡村伦理研究"）一样分散在各地做学术研究的弟子。通过培养一支充满朝气的研究队伍，王教授推出了一系列重要研究成果，积极推动成立了中国人民大学伦理学与道德建设研究中心经济伦理学研究所（设在南京师范大学）。在做好校内学科建设工作的同时，王教授还高度关注全国经济伦理学的发展。从2000年开始，他带领团队推出了集中反映学界研究成果的《中国经济伦理学年鉴》；2010年，他联合学界同仁论证、申请并经中国伦理学会批准成立了中国经济伦理学专业委员会；2011年，他又联合王泽应、葛晨虹、刘可风、周中之、王露璐、郭建新等国内知名学者，主持申报了国家社科基金重大项目"中国经济伦理思想通史"。

三

当学界还在争论"经济伦理学"这个学科概念的真伪性时,王小锡教授就已潜心投入经济伦理学研究之中。他先是全面梳理了中国传统文化中的经济伦理资源,在我国率先出版了经济伦理学研究著作《中国经济伦理学》;然后深入分析了马克思主义文化中的经济伦理资源,相继解读了马克思主义经典著作以及马克思主义中国化的经济伦理思想;最后结合马克思主义伦理思想和中国传统伦理思想,探索性地提出了两大原创性学术范畴——"道德生产力"和"道德资本"。王教授坚信,提出原创学术思想是一件非常艰难的事情,但也正是一个学者的学术使命。所以,他先后花了近二十年的时间,认真研究和回应每一种不同声音,发表了"道德生产力"和"道德资本"两大系列的辩护性论文,证成了独具特色的经济伦理学理论体系及其道德资本理论体系。

在形成自己学术品牌的过程中,王教授对各种相关的学术思想也充满了兴趣。我原以为王教授的学术根基是马克思主义伦理思想和中国传统伦理思想,对西方伦理思想可能不感兴趣。但他对"斯密问题"的深入解读和对博弈论的深刻批判让我明白:王教授始终走在学术研究的最前沿。在构建自己的思想体系的同时,王教授非常注意面向世界和走向世界。他不仅积极邀请彼得·科斯诺夫斯基、乔治·恩德勒、高桥浩夫等国际知名学者来学校讲课交流，而且前往日本、韩国、英国等国家与国际同行进行学术对话。尤其值得一提的是，王教授的《中国传统经济伦理思想》一书被翻译成韩文在韩国出版，同时，凝聚他多年心血的重要学术著作——《道德资本研究》作为江苏省哲学社会科学规划领导小组经专家评审批准的首批外译著作被立项翻译出版，现已经被翻译成英文、日文、塞尔维亚文在海外出版发行。可喜的是，《道德资本研究》(英文版)获得第十四届输出版优秀图书，《道德资本研究》(塞尔维亚文版)获得第十六届输出版优秀图书，《道德资本研究》(英文版)还获得版权输出奖励计划，他的学术成果成为中国伦理学界在国际学术圈中的一个响亮声音。

遇良师则终身受益

刘锦华

在所有的花中，我最喜爱莲花。它索取不多，却浑身是宝，茎可以止血、消瘀，叶子可以清热解毒，莲子、莲藕更是美味的食材。它中通外直，品质高洁，"只缘清净超尘垢，颇似风流压众芳"。

又到赏莲季节，回忆在南师大跟随恩师读研的三年，不觉点点滴滴记忆涌上心头。

读研期间与恩师吃过印象比较深刻的两次饭。一次是我们几个弟子与劳累一整天的恩师围坐在一起，他并没有丝毫独自解乏之意，而是慈祥又善意地一一询问我们的学业、工作和家庭情况，详细而周到地指导学业，还主动提及他的"资源"，直言在我们有需要时可提供帮助。因其年龄与我父亲相仿，加上他对我们的关爱如同莲花般纯洁、阳光般无私，那一刻让我深深感受到恩师如父般的亲切。几次学习指导，恩师严谨的学术研究态度和严格要求弟子的习惯充分表露无遗，绝不因我们都是在职攻读硕士学位的学生而有所放松，该读的文献书单一个不少，与科班出身的专职读研学生要求无二。在南师大读研的三年间，王老师对我们是既辅导学习又指导学术，还讲解做人的道理。王老师的这些言行深深地影响着我，工作二十多年来，我也是像老师这样对待学生，做师道精神的传承者。

毕业论文开题前，恩师让我们每个人轮流谈谈选题方向及设想，有位小师弟的选题直接被其否决，王老师详细地阐述了选题的重要性和可行性及否决其选题的原因，娓娓道来，让我们佩服之至，心甘情愿地放弃自己一厢情愿的盲目选择，也引发了在座的其他弟子去认真思考自己选题的科学性、合理性、可行性，我也主动地调整了自己的选题方向。

毕业后虽然一直与王老师保持联系，但因自己在专业上毫无建树，愧对老师的谆谆教诲，不敢过于亲近。王老师的散文随笔集《德与美》出版后，他还亲笔签名送了我一本，让我倍感惊喜。恩师平日醉心于理论研究，在经济伦理学领域是绝对的大咖，其提出的道德资本观更是独树一帜，获得国际学术界大腕的赞誉。没想到他的"跨界"之举竟也让人如此惊艳，一篇篇饱含深情、励志启迪的文章让我读了欲罢不能，很多篇文章都是一读再读，感叹他的坚韧、辛劳、豁达、感恩……几十年的矢志不渝，几十年的笔耕不辍，才换来今日的成绩斐然。王老师对弟子的要求是："每天读书、研究，晚上十二点后睡觉，坚持五至十年必有成就。"这何尝不是他对自己的要求。他是真正实践了"知行合一"的典范啊!

王老师不仅醉心于道德理论研究,而且还将理论用于实践。他的言谈举止、他的字里行间无不展示着他高超的处世智慧和崇高的思想境界。他对"大器晚成"的阐释、对牡丹花语的解读、对月亮神韵的分析……无不富含哲理,让人拍案叫绝!朴实、大气、宽容、包容的牡丹气质何尝不是王老师的品质和人格!更能真切地感受到王老师"让群芳"的意图!黑牡丹蕴含的黑暗中对黎明和美好希望之哲学精神的解读深印在我脑海中,让我对美好向往更为坚信不疑!

在我人生的几个关键期,恩师都给予了关爱和支持!有些是他身为老师对弟子的关切使然,有些则是恩师的为人、学识、智慧产生的无形力量。在复杂的近似于"残酷"的竞争社会中如何把握住自己,如何不断地认识自己,如何创造生存条件、改变生活习惯来实现人生目的,"人应该在尽到努力的情况下,满足于现实,满足于自己独特的人生成就","境界高尚,尽到努力不后悔,心平气和,顺其自然不伤神",诸如此类,不胜枚举!激励着我走出人生的低谷。

我在四十多岁时转岗,从行政岗位转向教学科研岗位,犹如从头再来,起步虽晚,但我坚信有恩师的鞭策,有恩师的指导,我一定不会庸碌无为,至少会过得充实!就像莲花一样在物欲浊流中不蔓不枝,保持初心如雪、善良本色，平凡而不平庸，平淡而不平常。在岁月的山高水长中做一个阳光开朗、幸福无悔的摆渡人。

  感谢恩师——王小锡教授，遇到您，是我一生的幸事！

随园十年

刘 琳

在入学南师大即将三十周年之际,回忆我与南师大的结缘,有颇多感慨和思念。从青丝到白首,人生中总会有一个令其念念不忘的地方,在我十八岁以后的生涯里,随园就是我的精神家园。

随园是我十八岁念大学时候去的地方,是塑造最初的我的精神世界的地方。说实话,其实我最初对这个园子没有认识的时候,是很不情愿来的。因为我的理想不是这个地方,但具体是什么,当年也不是很确定。可是阴差阳错就到了这个被称为"东方最美丽"的随园了。多年后,我想起这些前因,这些必然性因素的集合,从而导致我去了随园,我认为是有宿命的因素在里面的。20世纪80年代的青涩少年,因为见识短少,如果没有坚定而明确的指导,是不能清楚地知道自己想成为什么样的人的。

随园是现在南京师范大学在南京城里的老校区,坐落于据传说是《红楼梦》里美轮美奂之大观园的旧址所在地——随家仓,但是这样的说法无法得到太多的证实。传说是曹雪芹家被抄之后,籍没的曹家花园赐给了主持抄家的隋赫德,更名为隋家花园,在袁枚任江宁县令时,昔日之隋家花园已经衰败颓废,袁枚用300两白银买下了荒废的隋家花园,加以精心重建,仍名曰"随园",同其音异其义,成为袁枚晚年居住的地方。袁枚在《随园记》中说,隋赫德"当山(小仓山)之北岭,构堂皇,缭垣牖,树之楸千章、桂千畦"。隋家花园是在曹家花园的基础上扩建的,曹家花园未必有隋家花园的规模大,很可能并不包括现在随园所在的随家仓一带。但是从现在随园附近的乌龙潭、驻马坡、石头城、清凉山这些历史遗留下来的遗迹名称中,可以看出曹家花园或许就在随家仓这一带。可惜的是,我在随园度过的这十年,很多时候并未有意识地去实地考证这些地方,十年之间或往返于家乡和宁地工作和生活,或忙忙碌碌地应对各种琐碎的日常,以至于再想去追寻记忆中的向往之地,却随着城市的变迁,失去了能够印证历史沧桑遗迹的契机。

初入随园,十八岁的我是自己乘火车从家乡徐州来的,爸妈工作太忙,没法送我,只是把我和行李送到了火车站,帮我托运了一个大箱子和被褥等行李。在火车站正好遇到了同样要到同一所大学报到的两位同学:一位是化学系的女同学,一位是跟我同一个系的被中师保送入学的闫同学。

于是1990年9月的这一天,经过大约6个小时的绿皮火车旅行,我们到达浦口,然后乘渡船过长江,来到了中山码头，随后就被接站的学长们引导上了大巴车，就这样来到了随园。我记得在老政教系那座有着红柱黄墙、飞檐花窗古典风格的新中式办公楼下，有接待我们报到的学长们，他们帮忙把行李放在三轮车上，然后我们跟着一起到女生宿舍。在学长们的帮助下顺利入学。我现在回忆起来，那时一入这雕梁画栋、飞檐彩壁古典建筑风格的随园，即刻心生欢喜，但是心中还是有一丝丝的不甘，因为我没有进入我最喜欢的中文系，尤其是想去学习诗词曲赋的心，总是有那么多的不甘。我记得小时候在家里看得最多的书籍就是古代诗词集，因为我老爸喜欢买这些书，所以我一有时间就翻找父母以前积累下来的书籍来看，文学方面有的最多的就是唐诗宋词的集子，甚至还翻到了竖排繁体字的《俄国文学史》，我囫囵吞枣似地看。对十几岁的孩子来讲，相较而言，文学书籍更有趣、更有吸引力一些。我甚至跑到发小家里，把她家的《中国现代文学史》借来看完了。直到高三毕业那年，我被录取的那个暑假，父母才允许我到他们单位的工会图书馆借成捆的中外名著，在家里随意阅读。年少时已经形成的阅读趣味，可能会影响终身。我当然报的是中文系，却被录取到了政教系。或许是为了弥补遗憾，入学第一年我的业余时光就是看文学作品。虽然专业课学得也不错，但是主要的阅读兴趣还是文学作品。综观那时的学习状态，没有隔壁南大的学子们都在想着出国的心情，毕竟我们都是要被"分配"

的，专业课也能考得很好，业余就沉浸在文学作品的风花雪月中，在那些二十岁左右的阅读时光里消磨掉的春夏秋冬是非常幸福的光阴，那些彩绘回廊里的穿行，大草坪上的群坐夜谈，100号楼里的周末舞会，中大楼里的鲁迅研究课，华夏馆里的超大木质圆桌，还有坐在书架间光影里的阅读……在今天看来，人生中再也找不到这么自由地阅读思考、恣意喜怒悲欢、随时伤春悲秋的时间段了。

在随园学习的四年，除了懵懂无知地随着兴趣阅读，就是遇到了我的授业导师王小锡教授。那是在我们的专业课"伦理学"课上，我一向在上课的时候喜欢坐在前排，上课的时候记的笔记很详细。顺带一提，我是很会记笔记的，这源于我的初中语文老师，她喜欢说一句话，"好脑筋不如赖笔头"。记得有次课间，王小锡老师正好看到坐在前排的我所记下的听课笔记，拿起来翻看，然后问我对"伦理学"感不感兴趣，想不想考研究生，等等，我当时还处在没有什么具体目标的状态中，所以回答得模棱两可，当然我专业学习的成绩还是相当不错的。进大学后我虽然会偷懒，但是对专业课学习还是很重视的。我们政教系的课程体系是比较杂的，政治学、经济学、法学、哲学、原著等系列课程设置中的核心课程各有几门，"伦理学"这门课应属于哲学系列课程中的核心课程。王老师那时是政教系的领导之一，属于中坚力量，对待本科生的课程仍然一丝不苟。

本科毕业工作多年以后，我还是选择了回南师大读研究生。再入黉门，虽然熟悉，但是心境已经全然不同，我开始在导师指导下认真阅读专业书籍，认真上好每一门专业课程，并且开始参与到导师的课题研究中去。硕士研究生的三年中，王小锡教授在我们这一届带了三位学生，我是全日制在读的，另两位同门都是在职。三年期间，我依旧常去华夏馆阅读查找资料，寻找研究方向，1997年在我开始硕士研究生生涯的时候，中国还没有知网。我记得当时只是在西山的图书馆一层，可以用计算机检索所藏书目，不再是本科时期靠人工在一格一格的目录柜子里查找。想查找期刊论文，就要查找全国报刊目录纸质本，然后抄录下来，再填写索书单到过刊库里查找过往的期刊论文。所以，当时写论文所需的资料都是"纯手工打造"。至今我还存留着当时写作硕士论文时所复印的过刊和现刊论文，摞在一起有半米高，因为这些都是我辛苦手工检索和复印出来的啊，而且那时候复印费还很贵呢。那时候帮导师搜集资料，我和玉琴同学还一起手工抄写跨度十多年的全国报刊索引查找到的论文辑成目录，都是"纯手工打造"的啊！现在回忆起来，都是满满的年代感，不知不觉都已经过去二十年了。而现在从事研究，查找国内外的资料都可以在网络上的数据库中完成，非常方便。现在我也带硕士研究生和博士研究生，尽管现在有了便捷的积累资料的方式，却感觉大家不如我们那时那么积极地搜索资料了,并且在写作中往往不能尽可能多地占有资料和分析资料了。或许是技术的进步在带来便利的同时,也使人的主动性的某些方面退化了吧。

硕士毕业那年正好是千禧年,在我毕业戴上硕士帽之前,我成为中共正式党员。我的同学们大多数都留在了南京工作,但是当时我较早地收到了徐州师范大学的面试通知,于是收拾行李回去面试,也得到了好评和录用。

两年后,在高校就职和升职的压力迫使我准备继续攻读博士学位。三进随园,那里熟悉的一切随着时光流逝已镌刻到记忆中,春天的繁花、夏天的蝉鸣、秋天金黄的老银杏、冬天下雪勾勒出的飞檐屋脊,熟悉到闭着眼睛就会在脑海里栩栩如生地浮现。

记得日本作家村上春树在《海边的卡夫卡》里说:"暴风雨结束后,你不会记得自己是怎样活下来的,你甚至不确定暴风雨真的结束了。但有一件事是确定的:当你穿过了暴风雨,你早已不再是原来那个人。"这次回炉再造,是丰富知识和扩大视野的修炼过程,也是锻炼人的承压能力的过程。庆幸的是,我在工作和生活的双重压力下,经历了三年忙碌而充实的历练,在不能说是做到完善的情况下已完成任务毕业了。在修读博士学位的三年,恰逢国家开始实施马克思主义理论建设工程,我有幸成为以夏伟东总编、侯惠勤教授、杨明教授、王小锡教授为首席专家的、国家实施的马克思主义理论研究和建设工程"经典作家关于意识形态、先进文化和道德的基本观点"重大研究课题研究组的成员，参与了课题研究工作，在工作的同时锻炼了自己的研究能力，收获很多。这是不可多得的经历，更特别感谢这些高层次的专家学者给予我的鼓励和帮助！导师王小锡教授孜孜不倦的治学精神，为公共管理学院学科建设殚精竭虑付出的努力有目共睹，为母校的发展做出了巨大的贡献！

记得有位作家曾写过："我们跋山涉水穿越红尘，抵达的不是远方，而是内心最初出发的地方。饱经的风霜，历练的人事，都是生命里温柔的灌溉。"我不知道我出走了半生，三十年后归来的还是不是那个最初的少年。随园十年，是人生历练的十年，是增长见识不断成长的十年，是在导师王小锡教授带领下在科研领域不断耕耘的十年。所有的经历都为今后的人生之路积累经验和智慧，让未来更美好。感谢母校！感谢导师！感恩人生路上的所有同行者！一路有你们，归来不寂寞。随园永远是我心中最美的精神家园！愿它历久弥新，永葆活力和青春！

以伦理的视野看世界

罗 健

"请从前门上车。"记得第一次到南京这座大城市,也是第一次坐公交车,我竟然不知从前门上车。急匆匆从后门上车,驾驶员提醒的话语,至今记忆犹新。

那次是为了考研,我去南京师范大学买书。因为中专师范毕业,不知考研到底如何备考。第一次随意报考了山东师范大学,一门功课没有买到指定用书,只考了30多分。我生活在皖南一个偏僻的小山村,那个时候交通、信息极为不便。有了前车之鉴,为了考上研究生,我硬着头皮来到南京师范大学,找到王小锡老师。王老师慷慨地送我一本他主编的伦理学教材,我才得以顺利考上。提及这里,我还得感谢姜晶花师姐,是她帮我买了复试所用的书籍。

人生总是在曲折中前进的。说起来很是惭愧,硕士三年,本该珍惜来之不易的学习机会,但当时苦于生活所迫,经常在外面兼职赚取生活费,但更主要的是没有意识到做学问的人生意义。三年硕士生活,记得王老师上课经常说的一句话是,要"以伦理的视野看世界"。他当时举了很多例子，如城市建设、道路、茶杯、装饰、医护、教育乃至于生活中的一切，都与伦理相关。硕士三年，我只是初步意识到生活中的伦理现象，但对于伦理生活并没有深刻的认知与思考。

毕业后，我在专科学校做了几年行政工作，繁忙工作之余，坚持写文章，慢慢地觉得学术生活有那么点意思。于是乎，我又考取了苏州大学的在职博士，主要研究社会发展理论。一边工作一边攻读，很是忙乎。经常回想起王老师的学习教导，王老师的探究精神时刻鼓励着我。努力终有成效，我提前一年博士毕业，到了本科院校工作，从副高到正高，总算顺利前行着。近几年，情不自禁又回头转向发展伦理问题的探索，觉得很有味道。

岁月急匆匆，人生已不惑的我，要以伦理的视野看待人生。生活总会有磨砺，富有正能量的人生才是有意义的人生。人生不免要经历他人的讽刺、冷眼、嫉妒甚至故意坑害，但善良、富有正义感的人总归是多数。要向王老师那样，摒弃一切杂音碎语，保持自己的善良与正义，树立目标，坚定信念，不断努力，充实自我，乐观自信，过有意义的生活。

学术是工作内容，更是生活方式，要以伦理的视野看待社会。善与恶总是相比较而存在、相斗争而发展的。王老师告诉我们，正是因为社会存在恶，才凸显了伦理生活的价值意义。我们生活的这个时代，每个人都在追求幸福，但似乎每个人都觉得不是那么足够幸福。缺憾在哪里？答案在王老师的课堂箴言中，社会伦理还是很匮乏的，整个社会的诚信、人们的道德素养都不尽如人意。这也是学术研究、我国道德建设的未来空间。

环顾整个世界，思考人类的文明进程，也要以伦理的视野看待这个世界。人类在获得巨大物质文明成果的同时，战争的硝烟似乎从没有停歇过，环境、疾病、恐怖等问题日益威胁着人类；主权国家之间的平等、正义实现似乎总是伴随着巨大的压力、阻力甚至破坏力。记得王老师告诉我们，文明的进程不能没有伦理精神的支撑，或者说，失去伦理精神的人类发展根本就没有文明可言。这个世界需要人类意识的警醒，自觉从伦理的视野反思人类行为、接受伦理的评判和指引。

记住了王老师的课堂箴言——"以伦理视野看世界"，必将获得不一样的学术旨趣、生活乐趣乃至于人生之趣。

做美德的学问　做追寻美德的人

史慧明

我于 1995 年 9 月从老家县中考入南师大政教系，在恩师王小锡先生门下已有二十四载，一直跟随先生读书、学习、工作，与先生结下了深深的师生情、同事情和家乡情。

先生为我选择了本科专业的方向

如今回忆当年自己考入南师大，与先生结下师生情谊是多么的巧合。1994 年，在原来马列部和政教系的基础上南师大率先成立了第一个二级学院——经济法政学院，先生任经济法政学院的书记。1995 年，我高考后填报志愿，在苏州大学和南师大两所学校之间进行选择，当年先生刚好在老家县中进行讲学，而我的表哥又是先生的同乡人，于是向先生进行了志愿填报的咨询。先生说："到南师大来，到经济法政学院来！省会南京有更广阔的平台，南师大有更好的深造机会。到了南师大，你就知道经济法政学院是全南师大最好的学院之一。"先生热情洋溢地招生宣传，特别是那亲切、自信而有底气的溧阳普通话，让我一下子就对南师大充满了憧憬和向往，当然经济法政学院这个名字现在回想起来也确实很有吸引力，既有经济还有法律，甚至与政府管理还挂上了钩，不得不佩服当年经济法政学院那一批老师们的战略眼光和胆魄！南师大招生片区没有改革以前，也就是 2015 年以前，只要有时间，先生每年都会欣然前往家乡的中学进行为期一周的招生宣传工作：一来是先生家乡情结重，每年都要为家乡的中学教师进行科研和师德讲学；二来更多是为南师大选拔优质生源，也把家乡的青年人都带出去，为家乡的人才储备出一份力。多年以后我陪着先生再次回母校县中进行招生宣传，先生指着我和另一位教科院的戴联荣教授说："你看，我们的招生队伍又壮大了，原来只有我一个人，现在我们仨人一起回来了，就是最好的例证，报考南师大没有错！"如今在南师大读完本科和硕士又回到家乡工作的青年不在少数，先生亲自指导毕业的来自溧阳的硕士和博士研究生就有数十位，他们有的回到了家乡，有的北上工作，有的留在了省城，但是家乡出来的青年人都为有这样一位同根同源的导师而自豪，一提起先生的名字，都要以师出"王门"而感到亲切。

先生为我指明了职业发展的方向

四年的随园时光过得很快,到1999年6月,我已经选择了本科毕业回家乡做一名中学教师的职业方向。那一年我记得很清楚,快要毕业前,美国在5月8号的早晨袭击了我国驻南斯拉夫大使馆,新华社女记者邵云环、《光明日报》记者许杏虎和夫人朱颖不幸遇难。全国人民义愤填膺,青年学生首先在校园内发起行动。作为毕业班又是政治系的我们在学校的号召下,进行了有理有节的抗议行动。在游行结束后,先生找到我,问我是如何看待这次事件的?我表达了对美国强权政治的愤怒,对美国产品和美国政权背后资本集团的抵制,先生说:"光有一腔怒火还解决不了问题,未来中美的关系走向不仅仅是军事对抗,更是经济、外交、科技力量的较量,尤其重要的是对美国意识形态和人与人关系的把握,研究透中美的对抗,需要有自然科学的努力,还要有我们人文科学的辅助。你如果有兴趣,应该继续深入研究,学校今年有一个'2+3'的研究生辅导员计划,你可以报名试一试!"在先生的鼓励之下,我参加了学校首个"2+3"研究生辅导试点计划,由于我是政治系的班长,再加上当年学校在仙林开辟了新校区来应对本科生的扩招形势,我非常幸运地通过了考核并留在了南师大,由此开始了政治辅导员职业生涯。现在我已是辅导员战线上的一名骨干,每每遇到突发事件,我都会想到自己的职业生涯起点，想到先生和我的对话，即复杂的事件背后都离不开人与人的关系问题，解决好人的问题、人的思想问题、人的情感问题、人的心理问题，其他问题也就迎刃而解了。

在辅导员工作干满两届共八年的时候，我对自己的工作曾有过动摇，曾想过转岗做一名专业课教师！学校机关有关部门也来问我有无调往机关工作的意向，我自己也觉得高校基层的辅导员工作事务多、时间紧、待遇低。当我做完八年辅导员工作后，跟先生讨教如何才能在自己的职业中找到成就感。先生说："我本人就是辅导员出身，上大学前在老家还是公安特派员。上了大学留校后就是从辅导员干起，一步一步，边工作边读书，找到自己的研究方向和学术兴趣。你要从实际工作中找到学术的乐趣，如果有可能就把学术和辅导员工作相结合。"听完，我顿时感觉到应该有一片新的学术领域可以去研究和发挥，是的，这也是我后来坚持在辅导员职业发展道路上继续走下去的原因。很庆幸，按照先生的点拨，我把辅导员思政工作与伦理学研究进行了有机结合，在职业伦理的学术研究方向上得到了先生的肯定和默默支持。

先生印证了做厚道人与做真学问的关系

先生做了一辈子的学问，在自己耕耘的伦理学领域首创了经济伦理学的框架体系，提出了几个原创性的学术概念，如道德生产力、道德资本、经济德性等。先生说："人文学科做学问不比自然学科，自然学科总是螺旋式上升，而人文学科是做同心圆运动，要做好学问必须日积月累。"怎么积累呢？弟子们都知道先生的一句话，那就是晚上必须看书到十二点，坚持十年必有成就。先生每每说这句话时，总是流露出一种对学生们寄予厚望的眼神，慈祥、自信又充满期待，让弟子们不由自主地低下头，反思自己的学习作息时间。当然先生的偏头痛也是因为常年坐在书桌前看书落下的，他说做学问也会很苦，这种精神之苦远远要超过肉体之苦，每一个愿意沉下心来吃得这份苦的人才能体会到学术的乐趣。

　　用功和勤奋是做好学问的必要条件。但要真正做出大学问还是要先做一个厚道之人。真诚聚人气，厚道得人缘！学术的真诚与厚道，是与每个人的人格自律和磨砺分不开的。先生总是以自己的学术之路来教导我们，他从老家基层公社进入南京师范大学读书，留校以后再次北上去中国人民大学进修，已是教授博导但仍坚持学习拿下博士学位，这些言传和身教都让每一位弟子感慨、感动，有这样的恩师做榜样是人生之幸事，也是每一位学生努力的方向。说到这里，又会想到先生的话语："你们都应该比我强，你们的学习条件和学习氛围都是当年我那个时代不具有的，相信你们都会超越我！"当然，先生的学术之路也不是一帆风顺的，但是他用坚韧和真诚，特别是在学术研究中以宽以待人、严于律己的学术精神赢得了学术同仁的认可和推崇。先生教导我："学术研究从来不是一个人的游戏，是一代人甚至是几代人的深耕与劳作。在学术的浩瀚大海之中，有顺风顺水之时，更有风急浪涌之处。每每在顺境中看不出人的好坏、厚道与否、真假是非，但是逆境是考验人、测试人、几乎不用任何掩饰就能让人一眼看清的，所以做好学问要先做好一个真正的人。严格学术规范、严肃学术创作、严密逻辑论证，遇到不同的学术观点，要从学术的角度进行反思和探讨。"先生最早提出的几个学术概念，曾在学界引发过不小的学术争议，有赞成的，有反对的，也有冷眼旁观的，但是先生以严谨的学术态度对待自己所受的批评和建议，一轮一轮地论证和修订，像"道德资本"至今已有十论。在先生处学习和工作了二十四年，虽然不是每天和先生碰面，但是先生只要一有新的文章和研究动向，我总是及时收集和消化。先生的学术成果到今天已经非常丰硕，尤其是在离开了行政岗位以后，更是井喷式地呈现在世人面前。

作为王小锡先生的弟子，我是幸运的！作为伦理学专业的学生，我是幸福的！

先生从教四十年来培养了众多的本科生、硕士生和博士生，他还在教学与科研的大道上继续前行着，率领着我们这一帮弟子们在美德之学和美德之路上日夜兼程。有时候弟子们聚在一起,邀请导师一起吃饭、聊学习、聊工作,先生说:"和你们在一起才是我的学术休息时间,你们要经常来向我汇报学习和读书!让我了解你们的研究进程和学术规划。哪一个不想来或是不敢来,我就要主动打电话给他了,哈哈哈哈!"琐琐碎碎写到最后,只能记录与先生交往的几个片段与场景。十分期待先生的再一次召集,眼前又憧憬出一幅图画,弟子们围绕在先生的书桌前,畅谈各自的人生理想与学术困惑,师母坐在对角笑意盈盈!

只道当时是寻常

唐洁琼

　　我始终记得第一次见王老师时的场景，他神态严肃而目光坚定，话语不多却句句直抵利害，而我坐在考生席上，被问得额前直冒汗珠。那是2015年的初秋，暑气尚未完全褪去的时节里，我从济南出发独自一人来南师大参加推免生考试。南京炽热黏腻的天气使人躁动不已，复试完毕，心中却有一极坚定的声音落了下来："我得跟着王老师这样的人读书。"后来果真有幸入了"王门"，想是当时的预感应了验。

　　王老师是我很尊敬的人，除却广为人知的学术声誉，更多是出于对他风度和气魄的欣赏。老师为人大度、从容，处事讲话都十分得当，是一个极有风度之人，逢年过节发短信问候老师之时，老师必定礼貌地回复一句："问你爸爸妈妈好，问家里人好。"我想即便以后毕业多年也永远不会忘记他上课讲话时的铿锵有力以及昂扬有力的走路姿态，那种精神矍铄、光芒四射的姿态常常感染着我，仿佛人生的每一天都应该这么充实、饱满地度过。见过王老师的人大都不会相信他是年近古稀之人，毕竟那样有活力的面庞与姿态看起来着实不像。有次我向老师讨教，如何让自己保持年轻活力的状态。老师哈哈一笑说道："和学生在一起心态好，心态好自然就年轻了嘛。"

在南师大读书的三年中，我亲眼见证了老师的忙，为会议忙，为讲座忙，当然更多的是为学术研究忙，这使我更加明白，但凡成功背后都是需要付出百倍努力的道理。尽管如此，忙却从未成为老师拒绝我们的借口。研一开学之初，尚未搞清楚"伦理"与"道德"两个概念之间关系的我，带着这个困惑便在微信上向老师请教。没料手机刚放下不一会儿，老师便回电话了。他先是表扬我这个问题问得蛮好，极大地增加了我勇敢发问的信心和勇气，接着又给我详细地讲了这两个概念之间的关联，从学理视角区分到日常表达习惯，每一点的解释都十分通透且易于理解。挂掉电话后，我便随即将老师所讲的要点记了下来，"伦理"与"道德"两个概念的关联也就成了我那个学期期末论文的主题。我完全没想到老师对于学生的一个小问题会如此重视，以至于这件事情给我留下了如此深刻的印象，深刻到当时我便暗暗下定决心，日后自己若有幸成为一名老师，也定要将这种端正负责的师者精神传递下去。

艰苦年月里走过来的人往往更能体味与珍惜生活，课上或者课下聊天之际，老师偶尔也会谈及自己儿时生活的不易。今天的生活已然不致食不果腹的境地，但同样是农民家庭出身的我，却能够真切地感受到老师回顾过往时目光中所饱含的深情。"从穷孩子到教授"确实无异于"从士兵到将军"的蜕变，这股劲儿常常激励着我，叫我继续坚韧、奋进，又不忘时时回头看看。

  时值四月，郁金香与樱花又如期盛开在仙林这片土地上，热情而洋溢。我是最后一次这么仔细地端详南师大校园了，合着别离的惆怅，顿觉她哪里都是美的。其实她的美在这三年中哪一天都是不曾多一分、不曾少一分的，只是从前无暇用心去看罢了。离开之际再去回顾过往，却也只能感慨："只道当时是寻常，只道园间一草一木是寻常，只道老师叮嘱教诲是寻常。"二十多岁的年纪，尚未能够望穿人生的尽头，一种之于惘然未来的孤独感常常将我紧紧攫住。可越是如此，我又终觉自己是幸福的——未知与彷徨之际总有人指路、开路甚至铺路，行将毕业，越发感受到老师慈父般的殷切关怀。新竹高于旧竹枝，全凭老干为扶持。"王门"优秀弟子众多，想是与老师的悉心培养与教导脱不开关系的。站在三年生活的终点徐徐回望，唯愿自己矢志不渝，带着老师给予的力量继续前行，更愿王老师这棵长青之树永葆本色，长寿安康。

2019 年 4 月 9 日于仙林

尽到努力　顺其自然

陶　涛

跟王小锡老师结缘是从 2005 年开始的，那年我被调剂到南师大，跟随王小锡老师攻读硕士学位，迄今，已有十多年了。王小锡老师当时已是国内知名学者，其对道德资本的研究不但在国内具有重要影响力，而且是改革开放以来具有创新性的重要研究成果之一。对我来说，当时能跟王小锡老师攻读硕士学位是极其难能可贵的机遇。

在跟王小锡老师学习的三年时间里，我从王小锡老师那里学到了很多，从做人的道理到学术研究的进路。对于出身寒门的王小锡老师来说，他的奋斗史其实就是我们从事学术研究的励志史。因此，就我而言，我要学习的不仅是一种勤奋、宽容的心态，更是如何基于自身所处的历史境遇做出对学科、对知识应有的贡献。王小锡老师常说："尽到努力，顺其自然。"这看似浅显易懂的话，实则涵盖着王小锡老师常年对于人生的思考。直到今天，我依然坚持按照自己的观念做出选择，并不受任何人的影响，这在很大程度上是受到了王小锡老师的启发。

在王老师从教四十周年之际，学生们打算写一些文字，以表达对王小锡老师的敬意。其实，对我而言，这种敬意是深藏于心的。我相信，但凡真正为学生着想的老师，但凡真正对中国伦理学学科做出贡献的卓越学者，历史一定会给予公允的评价。而我也致力于此。我始终认为，只要我踏踏实实地、认认真真地做学术，就是对所有老师最大的回报。而这一点，其实也是王小锡老师不断对我们所强调的。既然如此，那么我也冒昧地表达一下我个人对于王小锡老师学术研究的想法。

首先，我认为，"道德资本"的提出是对改革开放以来经济伦理思想的创新性总结。"道德资本"改变了义与利的幼稚二分，而用一种统一性的理解方式阐释了财富与道德的综合或统一。换言之，求财而无德是肤浅的，有德即有财的理解不但更契合社会发展的客观规律，而且对于良序社会的构建也有一定的启示意义。

其次，"道德资本"的提出是具有创新性的，它表达了王小锡老师对于时代的一种回应，即对于中国改革开放这个重要历史进程的一种回应。这种理论创新具有时代性，是特有时代的特有理论反思。这一点是难能可贵的。

最后，"道德资本"对我的意义不仅是理论层面的，而且是精神层面的。这也就意味着，我们要敢于或勇于以理性存在者的身份进行独立思考，提出自己对于真理、对于时代的见解（无论对错）。

在求学与工作的过程中，我常常听到晚辈对长辈缺乏敬意的评论。但每到这个时候，我就想，如果我是他们，我是否能够超越时代的局限性。答案显然是"不能"。基于此，我更加佩服在特定历史时期能够做出特定贡献的学者。而王小锡老师，无疑是对中国伦理学学科发展做出重要贡献的重要学者之一。

因而我相信，个人的荣誉始终是次要的，学科或学术的进步才是我们作为伦理人应该努力的方向。假如有一天，中国伦理学的发展进入良性的发展轨迹，那么我们作为过渡时期的学者，也许就尽到了应尽的义务。

总之，如此简短的内容或许不能表达我对王小锡老师的感恩，不过也基本表达了我的态度。我始终相信，言说不如行动。换言之，无论我在口头上如何表达都是次要的，只有今后努力在学术上做出一点点成绩，才是真正对王小锡老师教导之恩的回馈。

我的青春不散场

涂平荣

> 只有徒步登上山顶,才能领略山顶的别样风光。
>
> ——题记

蓦然回首,尘封的往事历历在目,已过不惑之年的我,一路走来,却全然未觉青春已离我渐渐远去,依然感觉自己是青春路上匍匐前行的实习生、艰难奋进的苦行僧、腾挪跌宕的愣头青,一路上不断地在进行学历提升、工作变换、角色转化。唯有头上的少许黑发徐徐翻白、身上的器官渐渐老化、肩上的担子不断加重、工作的要求层层加码、父母的身躯逐渐地伛偻、儿子的身高不断增高……才猛然醒悟自己的青春岁月没饶恕自己,也没辜负自己。毕竟事实胜于雄辩,岁月的年轮已给出了最好的答案。我对青春、对生活付出了什么?我的青春、我的生活同样回报了我什么!扪心自问,也许我的青春可以也应该从习近平总书记的寄语"青春是用来奋斗的"中吸取精神营养,从苏联作家,坚强的布尔什维克战士尼古拉·奥斯特洛夫斯基的那句名言"一个人的生命应当这样度过:当他回忆往事的时候，他不因虚度年华而悔恨，也不因碌碌无为而羞愧"来寻找精神安慰。回顾青春往事，我想通过以下文字来记录我的青春履历与成长故事；来表达自己的感恩之情，即感恩我的青春、我的生活、我的父母、我成长路上的恩师、我一路走来那些关心支持帮助过我的贵人，甚至那些有意无意伤害过我的路人，毕竟受伤、挫折、坎坷也能历练人、磨砺人、成就人；来诠释我的青春岁月无怨无悔无愧，我的青春不散场。

懵懂的大学生活

20世纪末在经历了"黑色的七月"高考之后，我有幸来到了江西一所师范院校求学，学的是思想政治教育专业。沐浴着当时高校毕业生统招统分体制的阳光，在那个高校毕业还能计划分配工作的年代，多数同学都是抱着上了大学，以后就能捧着"铁饭碗"的想法，特别是对我这样刚跳出"农门"的贫困子弟而言，更是对大学生活心驰神往。大学宽松的学习环境让我觉得大学生活有点空虚，甚至枯燥乏味，时间似乎过得很慢。上大学半年后，班主任李忞老师给我们讲了当时在社会上很热门的法律专业，希望班上同学在学好专业课程的同时参加省内最高学府的法律本科自学考试。当时很多同学都热血沸腾，备受鼓舞，纷纷报名，我也是其中之一。这事很新鲜、很神往，犹如生活为我开启了另一扇窗，令我眼前一亮，似乎明白了自己该做什么，也下定决心要完成这项任务。从此，每个周末、晚上，大学的图书馆和教学楼的自习室常常有我的身影、我的脚印。我在自考书上密密麻麻地圈着画着，如饥似渴地汲取书中的养分，每日担心自考不过既浪费来之不易的血汗钱，又浪费大学美好的青春时光，于是看自考书比看专业课书花的时间多得多。功夫没有白费，三年中我通过了法律本科的19门课程的自学考试，终于在大学毕业不久收获了一个法律本科自学文凭。这张含金量不高的文凭对于懵懂的我来说却是个很好的安慰，它充实了我的大学生活，也证明了我的大学青春没有虚度。

执着的考研之路

没有父辈的光照与开路，也没有时代"弄潮儿"那样敢于"下海"的雄心与胆量，毫无选择也毫无疑问，大学思政专业毕业后的我享受了国家计划分配工作的政策红利，被分配到了一所乡村初级中学任教，成了一名农村中学教师。理想是丰满的，现实是残酷的。到这所学校报到后，学校所有的课程在上个学期已经排好了，校长聘班主任，班主任聘班上各科任课老师，没聘满10节课的老师都要被分流到小学去，我8月底才到学校报到，没机会参加本学期的聘课。初入职场的第一年，我就是在这样尴尬的情形中熬过的。在残酷的现实面前,我既看到了自己的弱势与缺点,认清了现实,又学会了谦让、学会了坚强、学会了容忍,饱尝了职场的第一轮"辛酸苦辣",明白了唯有自立自强才能改变眼前的现实与困境。一年后,我以"初生牛犊不畏虎"的姿态毅然向校长提交了当班主任的申请书,阐明了我的处境、立场与工作思路。我清醒地认识到,在这里我无依无靠、人缘不熟、工作经验不足,我很难从其他班主任那里聘到课,还有我那在更偏远、更艰苦的附中的女朋友(今日的爱人)也亟待我聘上班主任,然后聘她当老师,才能与她一同"并肩作战"。经过激烈的竞争及我一年来的表现,最终我聘上了班主任,我终于可以聘任我班上的任课老师了。抓住了这来之不易的机会,我正视了自己的不足,拿出十足干劲,起早贪黑,挑起繁重的教学任务与班级管理工作,在实践中吸收借鉴了有经验教师的工作方法,并不断学习、改进与创新。第二学年我所带的班级综合排名位列全年级第一,我所教的英语科目的成绩也排名第一,因此当年我被评为学校的"模范老师",并被选派去"山水甲天下"的桂林旅游,也幸运地目睹了桂林城里某大学的美丽校园与考研海报。

机遇永远垂青于有准备的人。工作上我算是初步站稳了脚跟,后来我与爱人同时参加本县城重点高中面向全市选调教师的考试,两次均失败了。我意识到学历提升是时代所需。我不能再停留在现有的水平,加上"律师梦""进城梦"均已宣告破灭，我要立志考研，改变我的工作生活环境与发展方向。于是我在做好班级管理与教学工作之余，挤时间挑灯夜战，全力投入考研备战之中。第一年的考研失败了。第二年，我痛定思痛，又购买了不同版本的备考专业书，重整旗鼓，继续备考原来那所高校，功夫不负有心人，最终有了还算理想的结果，我被录取为自费的硕士研究生。回首考研之路，我克服了工作、生活压力与年龄劣势，虽然走得艰辛、坎坷与沉重，但最终还是有了较好的结果。鉴于自身能力、精力所限，我只能说我此阶段的青春能量发挥到了极致，也为昔日的那股干劲感到欣慰。

不懈的博士之旅

我在此称我的博士生涯规划为"旅"，其实并不是轻松的旅行，而是历经艰苦与坎坷的跋涉之旅。当我硕士研究生毕业之后，我进入了一所普通本科高校从事教学科研工作，前几年基本上是每周超负荷地上课与写论文。当我的工作有了一些起色之后，我在思考：高校发展对教师学历的提升是必然趋势，考博是立足高校的重要筹码。再加上爱人自硕士研究生毕业后因年龄与性别问题，就业屡屡碰壁，硕士研究生毕业后最终还是无奈地回到原来的农村初级中学继续教书。两地分居生活，对小孩成长不利，加上我所在单位引进博士时可以解决家属工作的政策，我再一次做出了一个对自己具有挑战性的决定：考博。就这样，继考研之后的几年我又步入了艰难曲折的博士备考之路。

苦是考博、读博的主打味道。特别幸运的是，我在南师大邂逅了我的博士恩师王小锡教授，恩师的博识、睿智、宽容、大度的大师风范与低调、友善、亲和的处事风格深深地感染了我，他不但是我学问上的传授者、生活上的关爱者，也是我积极向善、努力向上道德人格的熏陶者、指引者。

至今博士毕业已经多年了，回顾那些尘封的往事，特别是自己各个时期艰辛的求学经历，无不深深地镶嵌着我的奋进本色，慢慢地改变着我的人生轨迹，默默地提升着我的人生境界。无论身处何种环境、何种阶段，我希望自己依然是奋斗旅途中的跋涉者、践行者。正如习近平总书记所说的："青春是用来奋斗的，奋斗的青春是值得回忆的。"青春路上的我，懵懂过、伤心过、奋斗过、成功过，相继完成了从农村中学教师向本科高校教师的两种角色转变，从乡镇到三线城市再到二线城市三种工作生活环境的历练，从专科、本科到硕士研究生再到博士研究生四个阶段的学历提升，从中学三级、中学二级到讲师、副教授再到教授五个环节的职称晋升。步入中年的我，明天的路依然很长，我仍需鼓足干劲，继续奋斗在成长之路上。坚信奋斗只有进行时，没有完成时，奋斗永远在路上，我的人生只有永远奋斗在路上，我的青春才能永不散场。

先生的书屋

汪 洁

一杯芳香沁茗、一席侃侃而谈,轻松而充实的氛围中,流动着闪烁睿智的师者话语,弥漫着简约而不简单的学者态度。这是二十四年前王小锡先生在他的书屋给我们第一届硕士生上课的情景,至今历历在目。

记得第一次走进王老师的书屋,映入眼帘的是几个倚墙而立的大书柜,几乎遮住了所有的墙面,深色木质,玻璃柜门,散发着古朴的书香气息。走近细看,煌煌书卷,浩帙史料,中西方哲学、马克思主义理论、伦理学、教育学、经济学、管理学、文学典籍、工具书……分类归置,杂而不乱,简直就是一座小型的人文社科图书馆。看着我们惊羡的眼神,王老师拿出书柜里的一本小册子告诉我们:"感兴趣的书你们可以拿回去看,但要把书名和借阅时间记在这上面,当然,除了我要急用的书外。"王老师通常把自己近期关注的书籍置于方便取阅之处,随时翻看。

"这么多书,什么时候看得完呢?"面对我们的疑惑,王老师笑着说:"人的精力是有限的,在看书上的时间多了,花在其他方面的心思自然就少了。我生活的方方面面，都很简单，尽可能挤出时间来看书。"他告诉我们，贫苦的家庭条件和艰辛的生活环境没能让他在青少年时期广读诗书，为了弥补这一人生的缺憾，他就经常一天一夜、一天两夜或两天一夜不眠不休地看书。由于有家族遗传的头疼病，每当休息不好或工作劳累时，王老师就会犯头疼病。他不失幽默地说："天下最头疼的事就是头疼。"然而，一看起书来，他就废寝忘食、通宵达旦。为了保持清醒的精神状态，他经常边看书边吃辣椒，抓头发，用钢针发梳敲打大腿，冬天用冷水洗脸……在他看来，时间并不能平白无故地"挤"出来，而是要放弃许多休息和娱乐的时间。每逢假期，别人吃喝玩乐时，他独坐书屋阅读、思考、"爬格子"。小小的书屋蕴藏着无限的想象空间，让灵感瞬间升华，引精神自如漫游。平时出差其实很累，但他书不离身，能读一点是一点。在攻读博士学位期间，每次来回长沙的路上，他总是带上学术文献在途中阅读，通常来回一趟就能浏览一两本书。"手不释卷，见缝插针"，这就是王老师的读书之道，三餐可抛，唯"读书"这剂精神良药不能停。喜欢读书的他更多的是坚持，现实世界的仪式感被淡化，他的学术追求却更显定力。

  王老师爱读书，但反对死读书。他经常教导我们，读书不是一种被动的存在，而是一个不断增进鉴别力、创新力和实践力的过程。读书的时候，要有选择性地阅读，培养高雅的读书品味，构筑独特的学术体系。王老师买的书籍，首先是经济伦理学研究所需的前沿资料。刚出的新书他总要先睹为快，他的学术界同行和后生晚辈们一旦有了新作，必第一时间寄给他。其次是中国古典文学作品，以及方志类的书籍。他的杰作《溧阳赋》藻饰不落俗套，用典寄意深远，在溧阳广泛征稿中脱颖而出，成为溧阳的文化名片，足见其深厚的古典诗词功底。此外，书屋的不断扩容与他研究的深度、广度直接相关。为了研究国家社科基金重大课题项目"中国经济伦理思想通史"，王老师购买了大量关于经济思想史和伦理思想史方面的书籍，整理出800多页的资料汇编。刚入学时，王老师就指导我们，在看书时一定要按研究主题做好摘要和批注，记录资料产生的语境，比较文献之间的差异，方便今后查阅和引用。至今我还保存着跟随王老师读书时积累的读书卡。如今，电子文件夹虽已取代了纸质卡片柜，但这种依托学术史催生独创观点的读书法仍历久弥新，对于厘清学术研究脉络十分有益。

　　读书在于丰富学术的源头，而"学术的生命力在于创新，只有不断地创新，才能体现研究成果的学术价值和实践意义。有成就的学术创新，其白纸黑字最能经得起时间的推敲，十年，五十年，一百年，甚至更长"。正是基于这种关注现实和力求创新的学术理念，在20世纪90年代，王老师将其敏锐的目光投向应用伦理学研究的重点领域——经济伦理学。当时，随着社会经济生活发生重大变革，社会道德生活也发生了变化，尤其是全社会一度出现的"经商热"冲击着人们的道德心堤，出现了较为明显的道德滑坡现象。为了破解道德与经济有机结合的难题，发挥道德在经济生活领域中不可或缺的作用，王老师突破了道德与经济不相容的思维定式，构建了独特的经济伦理学体系，提出并系统阐释了其独一无二的内涵——道德也是生产力的道德资本论，成为国内经济伦理学的开拓者和创始人之一，树立起学术里程中最为重要的一个标识。

王老师始终强调经济伦理学科的实践性，坚持"形而上"与"形而下"的自觉结合。在读研期间，他就带领我们广泛调查了南京、常州、盐城一些国有企业、民营企业，选取道德资本观在企业经营管理过程中应用的典型案例，撰写调研报告。近年来，他在进一步的企业调查研究的基础上创建了备受企业界赞誉的"道德资本"实践与评估指标体系，为企业培育"道德资本"提供了可操作的行动依据。"格物致知，笃实创新。"王老师的治学之道如一星火种，弟子的每一个继承、每一个创新，都由它来点燃。在他的学术著作里，在他的学生身上，他总能体会到自己的学术生命在延续，自己的精神价值在传承。

学术无涯，人生多艰。王老师风雨人生近七十载，并非处处坦途。他遭遇过嫉妒、不公和误解，然而他总能笑对人生，他常说："人生遇到问题或挫折，不要悲伤，不要愤怒，不要气馁，更不要放弃生的希望，时间会冲淡一切，努力会改变人生，坚持一下，生活总会归于平和，说不定，柳暗花明，更加美好的前景在招手。"学术的漫漫长路又何尝不是如此，"一线天"的狭路不少，很多人止步于此，觉得这就是最终的风景，但其实只要沿着狭路多行几步，总会豁然开朗——王老师乐观豁达的精神境界诠释着"尽到努力，顺其自然，修炼德性，善待人生"的人生之道。如今，王老师已年近古稀，依然精神矍铄，不思懈怠，笔耕不辍，诲人不倦。"善于道中取，美在德中求"，这是王老师人生学路上的永恒追寻。

　　先生的书屋是有形的，亦是无形的，其间凝练的学术精华启蒙了一届又一届的学子。"饮其流者怀其源，学其成时念其师。"在我心里，先生的书屋，仍旧是最初的样子和学术之舟启航的地方。

童言童行

王小锡

刚刚满 4 周岁的孙子大雄,不久前跟随父母"到爷爷家玩",一进龙凤花园"爷爷家大门",就朝着我喊"爷爷好"。因没有看到正在西藏摄影采风的奶奶,就说:"奶奶呢?我要奶奶。"没过多久,奶奶回来了,随即去看望想念多日的孙子。奶奶一进大门,大雄就扑上去喊"奶奶",因没有见到当天在单位开会的爷爷,就说:"爷爷呢?我想爷爷。"

看到爷爷要奶奶,看到奶奶想爷爷。这是真情流露,没有做作,更没有"排练"。看到孙子这样的感人举动,作为隔代长辈的我们,比吃大餐、看大戏还有满足感、幸福感。

古代老子认为,婴儿之德为德。并指出,成人欲望是造成无德的理由,唯有婴儿无知无欲无所求,故主张理想之人生应该追求婴儿之德,应该"复归于婴儿"。尽管老子的这种所谓道德理想有悖于道德源于人的自觉的基本特性,但是,老子关于"复归于婴儿"的道德主张可以从现代辩证思维视角在更深刻层面做如下启发式解读,即社会之人不可能不成长、不成人，也不可能无知无欲无所求，因此，去除老子"绝仁弃智""复归于朴"的思想，"复归于婴儿"可以理解为要人们坚持婴儿的清澈、纯真、诚实的本性。如果这样理解，那"复归于婴儿"的"童言童行"不失为一种赋予了新境界的经典道德主张。

说实话，"童言童行"可以作为一种道德品质的专有名词和专门内涵。事实上，完美的人生在任何时候都不要做作、不要虚心假意、不要游戏人生，应有的是真心、真诚、真实。马克思说，"要使人的世界即各种关系回归于人自身"，其深刻的含义是要人作为人而存在，人要自然、要客观、要理性、要实在，要追求真、善、美，要排除有悖于人之为人的虚假、贪婪、欺霸等。由此，"童言童行"作为启迪性解读的人之为人的特定范畴，应该是成人的一种品质。

大雄的大姨刘毅曾经跟我说，能否用笔写写孙子大雄，提点要求，让他长大后不辜负爷爷的期望。这个建议是有意义的。不过，说什么呢？其实，我很想对孙子大雄说些如何做人、如何生活、如何奋斗的话。但是，这些话，其父母、亲朋好友等会不时地给予教导，尤其是从幼儿园开始，各级学校会开展逐步系统、深入的教育，我要再说这些也只是重复甚或多余。不过，我想对孙子大雄及其同辈的孩子们强调的一句话是：一辈子要坚持"童言童行"品性，做到真实而不做作、真诚而不虚伪、真行而不懈怠。

真实而不做作，这是人一生踏实做人、顺利发展的做人原则。人不真实，做人虚伪，做事不实，最后只会丧失自己的各种人生机遇，虚度自己的人生。

真诚而不虚伪，这是人一生厚道为人、完美生存的做人原则。人不真诚，做人失信，做事失誉，最后只会丧失自己的宝贵人脉资源，浅薄自己的人生。

真行而不懈怠，这是人一生奋斗成人、铸就辉煌的做人原则。人不真行，做人懒散，做事粗劣，最后只会丧失自己的应有人生价值，荒废自己的人生。

佳期如梦

吴 隽

我于2009年考上南师大伦理学专业研究生，2012年研究生毕业。在南审工作两年后，于2014年又回到南师大读博。恰好最近在读青少年优秀读物鲁迅先生的《朝花夕拾》，勾起了我很多读书时候的回忆。

青年人的每一次求学，都意味着人生的一次转折，读研是我人生道路的一次重大转折。我在南师大的三年，像是在一页翻开的白纸上重新书写文字。依然记得当年到南京山西路军人俱乐部买考研参考书的情形，宋希仁的《西方伦理思想史》、朱贻庭的《中国传统伦理思想史》、李秀林的《辩证唯物主义与历史唯物主义原理》、罗国杰的《伦理学》等。

进南师大之后，我最强烈的感受是南师大作为一所百年老校，名师大家辈出。读校史就知道，李瑞清、江谦、柳诒徵、郭秉文、李叔同、张士一、陶行知、陈鹤琴、吴贻芳、傅抱石、孙望等大师都曾在南师大任教。而我就读的伦理学专业，其教师队伍之强，实在是令人倾倒，为我们上课的有王小锡、曹孟勤、刘云林、高兆明、王露璐等教授。这些教授都是在伦理学专业领域具有很高学术水平和学术造诣的。让我至今仍言犹在耳的是王小锡教授给我们上的第一堂课。王小锡教授的第一课讲的是"学问之道",对如何开展学术研究、提升学术研究能力有很大启发作用。依然很清楚地记得,王老师在课上说:"做学问首先是学会做人;其次要有宽厚的学术基础、明确的研究方向、最高最新的学术平台、系统全面的考察方法、紧扣社会生活实际问题;最后也是最重要的一点,要多奋斗、多思考,每天晚上读书研究到十二点后睡觉,坚持五至十年必有成就。"

经师易遇,人师难遇,感恩老师们的谆谆教诲和温暖关爱,给予我成长的指导。忆起老师们和我们谈治学方法时,讲得最多的就是勤奋勤奋再勤奋,学习学习再学习,研究研究再研究,做学问就要耐得住寂寞。记得研一上哲学经典导读课时,第一次读经典学术著作《法哲学原理》,作为非哲学科班出身的我,由于哲学知识基础不扎实,思维模式还没有及时转变,觉得该书晦涩难懂,无法理解。后来我将第一次写的小文章(一篇读书总结)请王老师批阅修改。大到框架,小至字句推敲、标点符号,王老师进行了数次仔细地批阅,并留下了很多圈改的痕迹。

三年的读研时间转瞬即逝,很庆幸也很怀念有三年能安静地待在敬文图书馆、社科专业馆看书的时光,身边总有那么一群有想法的同学带来思维的碰撞,更怀念老师循循善诱、启发式的畅谈。三年的学习，鞭策着我去弥补自身知识的匮乏，更重要的是读研让我学会思考，改变了我遇到问题就放弃的缺点。这个过程虽然辛苦，但是在这个解决问题的过程中，独立思考问题、解决问题以及逻辑思维的能力得到了很大程度的提高，让我更有信心去面对将来遇到的困难。

我的导师王小锡先生

夏明月

人生难得几知己,人生难得好导师。时至今日,我的人生既走了不少弯路也有熠熠生辉的罗马大道,既有风景也有泥泞,既有欢笑也有苦闷。一路上老师们对我人生道路的选择起了很大作用,影响甚至改变了我的人生之路,其中小锡导师对我的人生指引和启发,以及他的为人、为师、为学,使我铭记在心,终身受益。

近日在无锡参加的博士同学八年聚会,勾起了过往美好的回忆。博士三年是我今生最愉悦的日子,那时的我是一个高度自由人,假期里或课余时我曾背着行囊游历祖国的大好河山,顶礼膜拜四大佛教名胜,领略母亲河的源头,去五彩的云南、多彩的贵州,到广袤的锡林郭勒大草原,感受深圳特区的现代高端,也体味经济落后的老少边穷。我喜欢丰满的人生,品味小处的恬美令人细致而又温雅,领略大处的壮阔让人豪迈而又爽朗,珍惜现实的人生,却对彼岸心向往之,人生没有经历,怎么能丰富地解读生命的真谛?行者的经历为我提供了一种精神高度、一种哲学源泉,深化了我对哲学的思考和对人生价值的领悟。

记得四月天的南师大,我走进校园,满眼葱翠的榕树、怒放的玉兰花,脑间的那种空静释怀让我一下子喜欢上了吴侬软语的南方,淅淅沥沥的小雨滋润着每片树叶、每棵小草,也滋润着我的心田。记得第一次见到小锡老师,我很紧张,半坐在椅子上,因为我以前学的并不是伦理学专业,当时对伦理学还处于初步认知的阶段,只想能考上就行,根本不敢奢望考个大伽级的导师,后来一打听王老师居然在学术圈如此有名气,影响力很大,自己慨叹真是无知者无畏啊!我赶紧找来导师的《道德资本论》等系列著作认真学习研读,记得第一次跟导师见面交流的情形,他性格随和,长得蛮帅,说话幽默又不失严谨,并没有大伽架子,当时也没问我学术问题,这让我放松了很多。他评价我还是很有学术潜质的,能够静下心来看书,这让我有了信心,回去继续努力。经过一年的刻苦努力终于如愿,当我收到录取通知书的时候,真正体会了一把人生三大喜之一的金榜题名时,录取前我在舍与得之间做了深刻的思考,我舍弃了很多,任前方有多少旗帜猎猎召唤,最心仪的仍然是学术的圣殿。

　　时至今日的我,学术上有了一点点成长,这也算是对我青春逝去的慰藉,"拼命三娘"的感觉越来越浓,每天忙忙碌碌,工作、家庭事务多多,渐渐淡忘了真我,以前的我经常写写杂文、小散文来记录身边的人和事,写写自己的心得,有收获也有怅然,现在的我闲情逸致少了很多，每天思考着学术、生活，我不去想是否能够成功，既然选择了远方，便只顾风雨兼程。关怀，是我不断进步的动力；真情，支撑我执着追求；责任，促使我谱写好人生的每一个音符。

感谢恩师对我人生的指导，引领我走上了学术之路，在日常生活中有困惑、迷茫的时候，我也会不假思索地给导师打电话，听听他的高见，听听他的教诲。他是我永远的恩师，鞭策我成长；我是他永远不毕业的学生，这份真情胜银胜金。

追梦的日子

徐海红

一、梦想起航

王小锡老师是经济伦理学界的学术泰斗，在马克思主义理论、伦理学、经济伦理学、马克思主义道德观和经济伦理思想史等领域有广泛而深入的研究，被誉为学界的"道德资本家"。他德高望重，学识渊博，著作等身，桃李满天下，是我非常敬仰的学者。

中学期间，我在学习之余，喜欢读书，对历史、文学、哲学有初步涉猎。但当时所能接触到的课外阅读材料还是非常有限的。得天下好书而读之，便成为我早年的梦想。那时对于文字的理解，是非常朴素的，喜欢的是文字本身的美感及其背后所承载的情感、故事，或简单或深邃的人生道理。大学期间，对读书的认识没有发生明显的改变，主要是夯实学科基础知识，缺乏批判性反思。

1995年秋，我成为一名教师。江苏省教育主管部门经常为在职教师举办骨干教师培训班，邀请专家、学者前来讲学。我参加过几次培训，逐渐对省内外的专家学者及其研究方向有所了解，来自南师大的王小锡教授是其中有名的学者之一。王老师涉猎广泛，视野开阔，不仅在经济伦理学领域建树非凡，享有盛誉，而且在高校思想政治理论课教学和江苏省思想政治理论课教师队伍建设方面做出了重大贡献。那时我经常参加各级教师培训，每次看到王小锡教授走上主席台都非常激动和期待。王老师在多次报告中为我们介绍学术前沿和热点问题，分享他的最新研究成果，开展《思想道德修养与法律基础》新教材辅导和培训。王老师的每一场报告都非常精彩，为我们打开了一扇通向学术圣殿的大门，激发了我对南师大的向往。

二、备　考

考研的路比较艰辛。本科毕业之后的第二年，我就买了一些考研辅导书，但由于工作、家庭等琐事，直到2003年才全力以赴备战考研。现在家中的书架上还能看到当时的考研政治、英语和专业课辅导用书。二十多年了，它们已经变旧和泛黄，静静地躺在那里，看岁月变换，潮起潮落。它们承载了我最初的求学梦想，见证着我的平凡但还算努力的人生。付出终有回报。在2004年丹桂飘香的季节，我如愿考进南京师范大学公共管理学院攻读硕士研究生。师从曹孟勤教授，主攻生态伦理学，从此，在恩师的指导和关心下,我从硕士读到博士,度过了我人生中最重要、最充实、最有收获的学习阶段,由此改变了我的人生轨迹。

王小锡教授为人谦和,宽厚仁慈,善待学生,这在我参加南师大研究生入学考试的复试中就已深刻地感受到了。对每一个通过初试的考生来说,复试都非常重要。王老师有着极高的学术造诣,作为主考官更容易让我感到有点紧张。我怀着忐忑不安的心情进入考场,但王老师非常和善,没有一点架子,我顺利通过复试。在以后的求学生涯中,每次开题、预答辩、答辩,王老师从来没有严厉训斥过学生,更多的是对学生的勉励和指导。王老师德高望重,学识渊博,爱生如子,对我在南师大求学期间给予了极大鼓励和帮助,成为我学术和人生道路上的重要引路人。从此,我有了稳定的研究方向,精神上逐渐得到成长,踏上了追梦的征程。

三、读 研

读研的过程既快乐又充实,徜徉在美丽的随园,有同学们的欢声笑语相伴,有博学宽厚的老师指引,偶有丰富多彩的班级文体活动穿插其中,虽说学业繁重,但在研究能力的提升和认识结构的重构方面收获很大。

曹老师指导我如何做学问,对我的学习、生活、做人等方面提供了极大的帮助。记得第一次见面，曹老师微笑着询问我的学术研究兴趣和未来研究计划，我一时不知如何回答，说的都是教学研究方面的选题。在读研之前，我主要是从教学中遇到的一些问题和困惑出发，做一些关于教学内容、教学方法和教学实效性提升的初步探索，没有稳定的研究方向。读研之后，曹老师逐渐将我引入生态伦理学研究领域，引导我开始对人与自然关系的哲学思考。这个方向确定之后，我一直在这个领域做一些力所能及的研究工作。时至今日，生态文明建设已经成为习近平新时代中国特色社会主义理论体系的重要内容，对推进中国绿色发展和全面建成人与自然和谐共生的现代化强国具有重要的理论指导意义。有人曾经问我："对人与自然关系的关注为什么这么早？"党的十七大首次提出生态文明概念；党的十八大、十九大继续重视生态文明建设，提出了一系列关于生态文明的重要思想、重要观点和重要论断。生态文明建设正在从束之高阁的理论走向切切实实的全民行动。哲学是时代精神的精华。真正的学术研究总是具有前瞻性的，能体现时代的精神。学术研究必须具有问题意识，能够引领一个时代的前行，也许这就是学术的魅力和价值。

南师大有一群特别优秀的老师，他们在很多领域都做出了卓越的贡献，成为该领域的翘楚，对南师大的学生培养做出了重大贡献。王小锡老师作为经济伦理学领域的学术名家，给我们讲授专业知识和研究方法，对我们如何读书、怎样做学问进行理论指导。王老师在经济伦理学领域提出了"道德资本""道德生产力"等一系列具有开创意义的概念，并在此基础上建构了自己的理论体系，所撰写的论文和著作被翻译为多国文字，在国内外都有极大的学术影响力。学术研究最重要的特质是创新，王老师的学术成果很好地诠释了学术研究的真谛，开辟了经济伦理领域的新概念和新范畴，并展开深入系统的研究，构筑了自己的理论体系。王老师常常跟我们说，"学术研究是有方法的"。他深刻地指出，无论是读书、写论文还是申报课题，不仅需要付出大量的时间去读书和思考，也要遵循科学的学习和研究方法。

王老师成果丰硕，著作等身，在教学中他将自己的研究心得倾心传授给学生。他先后主持了6项国家社科基金项目，有重大项目也有重点项目，研究方向稳定，研究内容聚焦，是我们学习的典范。"授人以鱼，不如授人以渔。"王老师将自己做学问的方法毫无保留地与我们分享，指导我们如何读书、写文章和申报课题，对我们开展学术研究具有重要的启迪意义。

在成长的道路上，能遇到几个良师益友，有时就能改变一个人的人生。作为南师大公共管理学院的一名研究生，我得到曹孟勤教授、王小锡教授等的指导和点拨。他们的精心指导，让我逐渐感到学术研究既是高深的，也是可及的；让我明白学术研究不仅需要有新思想，还要讲究新方法；让我懂得读书不仅要接受知识，更要善于反思和批判，要有问题意识、批判精神和创新能力，敢于挑战权威，善于创造新知识、解决新问题。

四、读　博

在追梦之旅中，我继续拜曹孟勤教授为师，在南师大攻读哲学博士学位。三年的读博生涯紧张而忙碌。跟以往的学习阶段相比，博士阶段要求我们有更多的自觉性和自制力，应进行大量阅读和理论思考，既要广泛涉猎，又要就自己的研究主题展开深入的研究。

读博期间能不能确立目标，确立什么样的目标，这非常重要。王小锡教授在一次讲座中提出，博士阶段应能突破名刊，在名刊上发论文，这对在读的博士生来说，能极大地提振信心和士气。论文发表，尤其是撰写高质量论文在高水平学术期刊上发表，对很多博士生来说是遥不可及的梦想。王老师提出这个要求的时候，我脑海中留下了深刻的印象，内心受到很大震动，这一理念成为我在南师大写作和发表论文的助推器。王老师不仅对我们提出了突破名刊的要求，而且指导我们如何突破名刊，他从文献的阅读、选题的确定、写作的技巧、投稿的要求等方面对同学们进行了全面而系统的讲解。王老师还为同学们邀请清华大学、北京大学、中国人民大学等重点高校的著名学者和一些学术期刊的编辑老师,为大家带来一场场精彩的学术盛宴,极大地开阔了我们的视野,拓展了我们的知识面。读博期间,在曹老师和王老师的指导和帮助下,我在《马克思主义与现实》《道德与文明》《伦理学研究》等学术刊物上相继发表论文,终于实现了名刊的突破,顺利毕业。

五、永远在路上

工作即生活,生活即工作。在南师大求学六载,是我人生中最难忘的岁月。南师大教授们的工作态度和生活方式潜移默化地影响着我们。他们的学识、人品和忘我工作精神令人感动。王小锡教授从教四十年,对学术研究依然充满热情,大量的学术成果不断涌现,尤其是在学术成果的对外交流方面做出了重大贡献,他的治学态度和治学精神深深地感染着每一个人。毕业离校已十年,我逐渐形成了自己的工作和生活方式。读书、写作、培养学生,这些成了我工作和生活的重心。读书,可以让心静下来;写作,可以让思想得到自由的表达;培养学生,可以让更多的年轻人得到学习和成长。感恩求学期间遇到的每一位优秀老师,感恩每一个给予我帮助的人。追梦,永远在路上。

随园拜师记

徐维群

春天里入学，初见导师

2004年春，在系主任岗位上奔忙的我，争取到南师大访学的机会。此行的任务虽是完成浙江大学在职硕士学位论文，我却没去浙江大学，因为我的选题是中国家族企业伦理管理，而在经济伦理学的文章学习搜寻中，王小锡的名字是最频繁出现在报纸杂志上的，于是我慕名而来。

随园，曲径通幽，是个古老又新鲜的校园。初春，梅花初绽，红梅、白梅竞相透着春天的气息。南京，文化积淀很深的城市，一年的学习生活期待能领略它的美妙。

到校后的第二天下午见到了导师，当时王老师是公共管理学院院长，又是知名教授，很儒雅的学者风范。他开门见山问我："来访学的目的是什么，是为了考博士来的吗？"我笑着说："英语差不敢想，只希望能在学术研究上有所进步。"老师问我怎么会来这儿访学。我说久仰老师的大名了。这是真心话，导师的文章我几乎都读过。老师给了我好多本他写的书，约好下周二先听他给硕士生上的课，再聊聊学习计划。访学是自由研究的学习方式，但我遇上了给我启迪的好老师，为我再一次插上了飞翔的"金翅膀"。谢谢春天，这最美丽的知识春天，我愿做一只采撷知识甘露的小蜜蜂，在春天里独行，心情却很放松和快乐。

学术这座山哦，导师的启发

在南师大的一年，我喜欢在随园散步，古树、老屋、琴声、落叶、灯明、人影、静池，这些景致总是在眼前晃动。即使在秋季，也没有秋的落寞感，生机一片，落叶随风飞起，会不择地方落下并安静等待日出日落。我常独自漫步，细数天空的几朵飘云。傍晚时节，灯光多了，我喜欢在音乐系的楼前多停会，有时会传出歌声、琴声，让你感受到那教学楼古朴得恰到好处。

我常去听王老师给硕士生上课，他上课方式很好，除了自己主讲外，他还提出观点论题，让学生们寻找资料谈体会和进行思考，这有利于提高学生的研究意识和研究能力。有堂课对我很有启发。记得那天早晨起得早，因为对王老师的课充满了期待，所以我有点迫不及待。一路上攀岩而长的迎春花特别亮美和灿烂，朝阳里跳跃着希望的小太阳。错落有序、古朴典雅的教学楼让你感觉庄严和严谨，仿佛在说："学术研究来不得半点虚假。"梅花经几日雨的洗礼，芳香四溢，就如我渴望取得真经般纯正虔诚的心情。

那天的课题是如何进行社科研究。这可真是金矿哦，授之以鱼，不如授之以渔。老师的开场白是："不希望学生超过的老师不是好老师，今天讲的可以说是我的学术研究的精华体会，私有财产哦，但我愿意给你们，你们如果能有所突破，我就很欣慰了。"我心里暗暗喝彩："好老师！"对于王老师讲的"什么是学术研究创新，学术研究的基础、规范、具体步骤等方面"我是一字不落地记下来了，最精髓的是那个比喻：选择研究方向是正三角形，在学科基础扎实中选择那顶峰；做研究是倒三角形，最靠近课题的要全面掌握，并涉猎其他学科。

提起学术研究，人们便想到枯燥乏味的文字和故纸堆的霉味，其实不然。"理论是灰色的，生命之树常青"，只要是有生命力的理论一样能激发你的兴致与意趣。王老师以很形象生动的语言、朴实无华的精神气质将治学研究地方法讲得十分透彻。他让学生努力寻找自己独特的视角，告诫学生积累是最重要的，要读经典，好好读，不是一遍，而是十遍百遍，在读书的过程中，那思想火苗便会跃然而发。还要善于观察，思想走在眼睛前面，知识的智慧使你成为深邃的人，就能透视研究的最大光环。王老师没把学术研究看成束之高阁的东西，而是要为社会服务，为国家建设发展服务，他提出"道德资本论"是充满社会责任感的理论,在市场经济浪潮里,经济没有伦理追求,企业没有道德责任,发展将会是短期的、利益将是不义的。正因为这些启示,我也一直坚持对管理伦理学进行研究,并在本科管理类专业中开设企业伦理学课程,希望培养的学生将来是有社会责任感的管理人才和创业者。

一样的教学内容,不同的人讲便有不同的效果。信息的传播还要师者通过自己的经验赋予其符号意义,而接受者也要用自己的经验去选择和消化。我认为王老师的授课方式真好,这也是我为师的理想境界。

梅香品自高,导师是知行合一者

学生最幸运的是遇见良师,王老师正是我的良师之一。

和伦理学结缘,从大学起。大学里的伦理学课程,把我带向了思索道德的路途。1986年毕业时,商品经济是社会主义经济不可逾越的阶段,中国要走有计划的商品经济的道路等观点盛行。中国人呼吸着商品经济的空气,感受着创造的活力,可我们也看到商品经济在中国大地还相当不成熟,如假货充斥市场,"双轨制"带来的权钱交易现象等消极后果。这不由地引发我的思考:在商品经济条件下,什么样的经营是合情、合理、合法的,经济要讲道德吗,经济学与伦理学有交叉的地方吗?记得一位师兄建议我读日本前首相吉田茂著的《激荡的百年史》,从中我读到了经济背后的文化动力和伦理规则以及日本战后的崛起与日本崇尚的伦理文化密切相关。这是我走向伦理学研究之路的源起。

在学术研究路上，王老师是榜样，学问越高却越谦虚，人格上达到道德理想的境界。王老师毫无保留地给学生的为师态度，让我明白了伦理学科的魅力，那就是道德的光芒，能让研究学习者感受到那份高尚。遇上引路和德高的老师，是我们的荣幸，也是学科发展的荣幸，因为有这么多言行合一的学者参与其中，相信伦理学科会因此更加繁荣和充满魅力。

随园的清晨秀丽无声，正午阳光明媚，黄昏静默深沉。月下读过你，月挂屋檐风敲树；雨里读过你，细雨纷飞玉兰飘香；秋凉时节读过你，蝉鸣自在人独听。最让我感动的是，要走时你还给我这个南方人飘扬起鹅毛雪，给我洁白盛装的亮丽之美，素雪矫情银身出俏，绿叶留雪格外分明，菊式盆景傲然雪立。奇异状态的枝丫让雪描出了吸引人的轮廓，松枝压雪盛开着白梅。大操场的草地上聚着三三两两玩雪的少男少女们，我也悄悄抓把雪往树上扔去，自己对着满眼的雪在笑。还记得，那天是老师和师母为我践行，席间亲和相谈，感动感恩，和这南京的雪一般，美好归心。

人一生会走过很多地方，热闹转瞬而过的多，如此贴近地在一处待着，独自默默品读的不会太多，随园却是一处了。其实我也知道我没真正走入你，大师风范和文化底蕴才是大学校园里最有价值的风景，我只是旁读生，但我用心听了。老师还用自己的言行给我上了这样的德性修养课：做深学问要有宁静心态，为人处事应持大气风范，与俗世快乐同行又常怀高洁精神，保持知识分子强烈的社会责任感和爱国情怀。这精神信念一直在我心头萦绕，不敢忘怀并努力实践之，但愿能学之一二，才不愧为向王老师拜过师的人。

离开随园后，偶与老师有些问候和联系，是的，一定常与老师联系，这样就能多多想起随园短暂而美好的拜师学习时光，更能汲取老师给予的精神力量，向老师学习，做雪梅般品自高的师者。

吾欲上谒从高山

严志明

一、初遇德师

华夏先哲往往把道德以及道德境界、圣贤恩师比作高山，故有"仁者乐山""高山景行""泰山北斗""山高水长"等典故。然而，从善如登，德师难遇。对我而言，能遇见"德学之恩师"——王小锡老师，实属"三生有幸"。

此前，虽久闻王老师大名，但无缘相识。直到2014年初春，在惯例性地忙完每年都特别紧张的"年关"之后，越来越渴望看些杂书，或闭门静思，越来越从内心深处隐隐感到自己的心灵无以安放。这对当时已过"不惑"之年、接近"知天命"的我来说，无疑是最大的"心病"。

似乎要怀疑人生，难道"曾经沧海"不识水了？似乎要怀疑当下，难道这个世界变化太快、潜规则太多，以至于进入什么超级"后现代社会"了？甚至要怀疑自己，难道早年当海员，在大海里颠簸折腾后留下了心神不宁的"后遗症"……现在回味起来，这个世界，其实很像海上的一条大船，每个人都是船上的水手：命运相连，需要同舟共济，然而，或是风吹潮涌、起帆转舵、自己定力不够等原因，水手有时也会"晕船"！

确切说，我就是一名"晕了船"的老水手！恰在此时，南京师范大学发布了博士生招生简章，其中就有王老师在伦理学专业的招生计划。我怦然心动，冒昧报考，希望尽快抓住这根"人生缆绳"，使自己的心灵不再飘忽晃荡。

不久，一个春风和煦的周日下午，经朋友热心引荐，我有幸见到了王老师。这天，他在外地出差，一路风尘仆仆返回南京。我清晰记得，他把见面的时间安排在回家之前。第一次见面时间虽然不长，但王老师诚笃睿达、儒雅谦逊的大家风范，至今历历在目。

经过初试和复试，我幸运地成为王老师门下的一名老"童生"。我心里最清楚，可谓"一颗流浪久远、晃荡不定的心从此迈进了伦理精神家园之'门槛'"。

二、高山之德

"高山"之所以成为"高山"，起决定性作用的恰是其自身强大而坚韧的内在力量。从本原上说，这又是一种道德以及追求道德真理的力量，从不张扬。走近王老师，你才会真正领略这种坚定而神奇的力量。

经济伦理学是哲学中的"显学"，作为这门"显学"

中一个颇有特色的亮点——"道德资本论",就是由王老师原创建立的,这些年越来越受到中外伦理学界的充分肯定,其影响力愈发深远。按常理,他早已功成名就了,完全可以松口气、歇歇脚,好好享受"高山"上的风景,而不必再理会偶然冒出的"杂音""怪声"。

可他偏不,甚至比以往更加勤奋和深入探究"道德资本"的机理奥秘,更加在乎和专注测试"道德资本"的实践功能,更加审慎和谦逊地回应各种质疑。

大家都认为,原创性是学术最高成就的体现,很羡慕。但致力于原创性学术研究,不仅需要过人的勇气、眼界和思维,而且要付出常人难以想象的毅力、精力,哲学以及经济伦理学领域的原创性研究尤其如此。反复研读王老师关于道德资本之"十论",你会发现:"道德资本论"与其说是创立的,不如说是"辩"立的。

原创性研究往往"小辩小立""大辩大立",有时甚至"大辩小立",但"不辩难立"。王老师的论辩讲求观点鲜明、逻辑严谨、表述精要,既不惮于学术霸权的蛮横指责,也不屑于"玄之又玄"的晦涩"天理"。

巴金说:"爱真理,忠实地生活,这是至上的生活态度。"我理解,这里"至上的生活态度",首要和主要的都是对高尚道德以及道德真理的一种执着追求。王老师关于"道德资本论"的创立与辩护,无疑是现实生活中这种"至上的生活态度"的鲜活版本。这一点,对我触动很大,更让我受益无穷。

三、雨露桃李

高山之德,重言传,更重身教。而后春风化雨,雨露桃李。

王老师的课堂,张弛有度,循循善诱,生动活泼。他既讲解思维方法、导读学术经典,更与我们一起讨论伦理学前沿、道德"热点",引导我们正确把握处事之理、为人之道和修身之要。但更加丰富生动的收获教益却在课外。

在紧张的教学科研间隙,王老师巧妙利用"碎片"时间,聚沙成塔、集腋成裘,写出了许多关于"道德"的散文随笔文章,结集出版《德与美》一书,后又仔细修改再版,逐一签名赠予学生,不时讨论并勉励我们阅读。尽管他一再谦逊地表示,写这些随笔是自己"让脑袋轻松一下"的"休息样态",然而,何止于此!这些随笔文章,细细品读,无一不是他认真思考、用心"萃取"的人生感悟,或回忆乡愁旧景,引导人珍惜情感、知恩感恩;或回顾自己的奋斗时光,警醒人"穷且益坚,不坠青云之志";或剖析自己的心路历程,启发人正确对待名利、曲折甚至"阴风";或纵论道德资本、道德经济,教导人用好道德力、防范道德风险……总之,这些随笔,富含"营养",弥足珍贵。

尊重他人、谦逊随和,平等而又极其负责地对待每位学生,是王老师待人处事的重要原则。有位学长感慨地说:"王老师的'以丈敬尺'众所周知,别人对他的好,他总是要想方设法加倍地回应和返还。"

四、师恩难报

山有定力,气度自开;高山不言,从者由心。

跟随王老师已经五年了,所受教益之深之多实在无法量计,特别是对于我这样一个从未系统接受过哲学和伦理学专业训练的老"童生"来说,必然意味着王老师要额外付出成倍的辛劳和心血,故内心感激之情常常难以言表。

由于自身工作等方面的原因,有的"作业"一拖再拖,甚是惭愧。对此,王老师总是先给予关心,尽力帮助解决困难,然后再给予更多的理解和宽容,如此情形,"惭愧"不翻番才怪!

真不想毕业!

哎,收了我这个学生,王老师,您真的"亏"大了!

与先生二三事

尹明涛

2006 年,我有幸拜在王小锡先生门下攻读硕士学位;2014 年,又继续攻读博士学位。岁月悠悠,我决定从力所能及的事出发,记录一下近些年来跟随先生为人处事做学问的点滴时光,也许对别人而言没有太多的意义,但对我来说则是一段弥足珍贵的记忆。

初识先生:尴尬

2005 年 7 月,我还是温州大学大三的学生,因为在图书馆无意间拜读了王老师的《经济伦理学》,遂决定考研,希望能够拜入王老师门下。那时候,我试图联系和认识王老师,在我二哥的帮助下,我认识了当时正就读南师大伦理学专业的虞卓师兄。依稀记得那是一个盛夏的中午,烈阳高照,到处都是闷热的气息,使人烦躁。我坐了 15 个小时的绿皮车,从温州一路向北,来到了南京。我打的到达了约定的宁海路 122 号校门,校门虽不大,不失古朴与厚重,但与各种气势宏伟的大学校门相比,略显寒碜,本以为这仅是一个偏门,却被师兄告知,这便是大门。一迈入校门,眼前便豁然开朗了很多。"皆随其丰杀繁瘠,就势取景",红墙绿瓦虚掩着一个个亭台楼阁,到处是庭院深深深几许的悠然,学校的建筑从校门往西,围绕一条中轴线铺开,对称排列,处处体现出中国古典园林独特的风雅与趣味。

虽早已听过和见过随园的各种"美",但照片即使拍得再好、再逼真,也着实难以勾勒出这座"东方最美丽的校园"的古朴、端庄、浪漫和典致。在虞卓师兄的带领下,我们穿过银杏树下的林荫小道和迂回曲折的长廊,终于到达了公共管理学院所在的逸夫楼。与红墙绿瓦、雕梁画栋、古味留香的古典建筑相比,位于随园东南角的逸夫楼虽属现代建筑,却略显破败。

因为没有提前预约,上了三楼后,虞师兄便让我在过道上稍等一下,他自己试探性地去敲了敲王老师办公室的门。运气很好,房间内如愿地传来一声"请进"。虞师兄便推门进去简单地向王老师说明了来意。我则站在门口忐忑不安地构思着等会儿要说些什么。忽然,门打开了,王老师招呼我进去。记忆中,那是一间简陋的不能再简陋的办公室了,除了到处堆满的书之外,只有一张桌子和一张沙发,王老师本人与我在其著作中看到的照片相比,更显儒雅。我讷讷地向他问好。王老师说:"我恰好会议间歇,现在还有几分钟时间,要不我们简单聊聊。"他先是询问了我就读的学校以及所学专业等情况,然后问道:"目前你看过伦理学哪些经典著作?"本以为会被问经济伦理学方面内容的我一下子懵了。当时,我对经典著作少有涉猎,只能把曾经浏览过的书报了几本。他又简单地追问了我几个问题。见到景仰已久的导师,本来就很紧张,这一下更慌了。我只能据实相告,到目前为止,我只是简单地看过几本有关当代应用伦理学方面的书。他便勉励了我一番,让我回去继续努力。

拜入门下:幸运

十几年前,考研竞争还没有像现在这般"白热化"。2006年,我如愿地通过了笔试、面试,成为南京师范大学伦理学专业的一名硕士研究生。也是从那时开始,与王老师的接触才多了起来。王老师不仅在学术理论上独树一帜,提出了诸如"道德资本""道德生产力"等全新的概念,挑战了经济伦理学的"日常认知",而且在课堂教学上也自成体系,讲课生动且富有逻辑。他总是尽力把题材化繁为简,化难为易。他曾不止一次地说道:"高水平的教师总能把复杂的东西讲简单,把难的东西讲容易。反之,如果把简单的东西讲复杂了,把容易的东西讲难了,那就是低水平的表现。"他在讲课时总是先把所有观点罗列出来,再加以归类梳理分析,带领大家由繁入简,如剥蕉叶般愈剥愈细，但最终柳暗花明，令人豁然开朗。为此，王老师的课深受同学们欢迎，再加上当时王老师在学界内的影响力，以至于后来选择导师时，大家都一窝蜂地选报了王老师，我也是如此。本以为"农村出身，表现并不突出"的自己希望不大，哪知道在揭晓时，我却成为四个幸运儿之一。

学术和为人：榜样

王老师对研究生要求非常严格。他常说："当官、发财、做学问，我都不反对，大家各尽所能，选择自己最适合的道路。但是，一旦选定做学问，一定要坐得住'冷板凳'。"他还说："读书学习和提高学术修养是一项艰苦的劳作。要攀登学术高峰，就要忍得住艰辛，舍得下苦功。只有一点一滴的学术积累，才能占有最全面的学术资料，掌握学科发展的最前沿，才能厚积薄发，拿出有创见、够分量的学术研究成果。"为此，王老师每个月给我们开学习书目清单，每次上课前要求我们就某个问题进行发言交流。一旦发现我们没有好好读书，就会当堂提出批评。于是每当王老师布置完下节课要讨论的问题后，大家都积极地钻图书馆、去自习室查找资料、摘抄笔记，认真准备发言材料。

除了对我们严厉要求之外，王老师对于自己在学术上的追求更是到了严苛的地步。当时已经功成身就的王老师，坚持自学英语，终于在 56 岁时成功考入湖南师范大学，师从唐凯麟老师攻读伦理学博士学位。尤其难能可贵的是，对于学术真知的严苛，并没有妨碍王老师对不同的学术观点抱有的宽容态度。21 世纪初，王老师首次提出了"道德资本"的概念，在学术界立马"一石激起千层浪"，出现了各种"言辞激烈"的批评声。当时，作为王老师的学生，我们正处于"初生牛犊不畏虎"的年纪，纷纷试图撰文予以反击，其中，我也义愤填膺地撰写了一篇文章，对某位学者进行了反驳。王老师阅后，专门跟我进行了交流，他说："百花齐放，百家争鸣，我们应该给予学术更多的空间和自由，我个人非常欢迎大家对我的文章进行批评，以便我不断地查缺补漏。当然，你们的心情，我也懂。但我们做学问、看问题不能被情绪和偏见所左右。"在王老师的指导下，我重新对文章进行了修改，丢掉了个人情绪化的表达，而后成功地在《江苏社会科学》上发表了《以人为本的道德资本》一文。

这种谦逊的作风在王老师身上随处可寻。比如，在其编写的《中国伦理学 60 年》一书中，作为经济伦理学研究的领军人物，王老师并没有大写特写自己研究的前沿性、原创性。在"经济伦理学"这一章节的一万多字中，关于其原创性理论"道德资本"及"道德生产力"的叙述不足一千字，其中，还有三分之一的篇幅详尽地列举了各种反对的声音，并在每处后面都标出了引注，方便大家查找文献,展现出了学者海纳百川、虚怀若谷的大气情怀。可以说,也正是源于这种学术态度和境界,王老师才能二十年如一日,持之以恒,在不断的学术争鸣中,以系列论文不断完善和论证"道德资本"的存在依据和作用机理,形成了一整套极具鲜明特点的道德资本理论体系。

生活与实践:温暖

相比学术上的一丝不苟,生活中的王老师则由"怒目金刚"转身变为"慈眉菩萨"。王老师自己从农村出来,深知农村来到大城市的不易。那时,为了改善我们的伙食,王老师把自己在南山专家楼餐厅办的饭卡交由我们用。我作为当时王老师门下唯一一个来自偏远农村的学生,王老师和师母对我一直格外照顾。他们总是借让我参与课题之由,把饭卡交由我保管,平时有接待之类也总是有事无事地带上我,让我饱食一顿。三年来,蹭饭无数,无论是在家中,抑或是饭店,绝不让我花费一文。以至于毕业后,王老师和师母也依然保持着这样的习惯。他们每次总言,你刚工作不久,买房养家压力大……

如果说王老师有什么爱好,那便是书。无论是寒暑假还是周末,他都爱一个人宅在家里,看书、写文章。尤其是卸任院长职务后,王老师更是沉醉于书中,一谈起学术,便如孩童般兴奋。有时我也心疼地让王老师多跟师母出去转转，放松一下，王老师便言："我实在没那个兴趣，更没那个时间。"为此，王老师经常教导我们，做学问不要随便说自己没时间，时间都是"挤"出来的，要充分利用好各种"间隙"。他常以自身为例，说他自己在当院长期间，也是各种公务缠身，但之所以每年都能保持产出高质量的论文，源于自己的勤耕不辍。他说自己常年保持每天早上六点钟起床写作的习惯，利用早上大家还没有起床的"间隙"，把平时"会上""厕上""枕上"思考的内容记录下来，便成了文章。他常言，你们比我年轻，应该比我有更充沛的精力才对。

王老师虽然很"宅"，但他也有乐于"走出书斋"的时候。有的伦理学家往往只顾"形而上"的研究，不愿多谈应用。但王老师不同，他一贯强调经济伦理学的应用价值，并且身体力行，为推广经济伦理学的应用而努力。近些年来，他带领学生们不知疲倦地奔波于国内各地各大企业进行调研，全面梳理道德资本核心指标，建立道德评估体系，大力推动"道德资本"在企业中的实践和运用，这种"学术者，天下之公器"的信念着实令人钦佩和感动。恰如其在《中国伦理学60年》中所言，"我们不应陷在过分物化和世俗化的泥潭之中，不应让庸碌芜杂的事物塞满自己的精神空间"，而"应在未雨绸缪的角逐和竞争中以独有的精神气质和知识素养取道于民，施之于众"，并将之当作"21世纪的伦理学人面前的历史使命和社会责任"。

窗前米兰

余达淮

吕迪格尔·萨弗兰斯基在《海德格尔传》中写道："他的人生，他的哲学，这是一段很长的故事。"这句话完全适用于我的老师——王小锡教授，在我的心中，王老师才高八斗，平易近人，他走过的路，是一条伦理学之路，这条路樱木榴火，因为"道德资本"而成为一座丰碑。

1999年的夏天，我踏入南京师范大学法政学院，成为一名博士生，是王小锡老师的第一位弟子。还记得面试当口，当时只认得主席公丕祥老师，公老师提了个问题，还有一位身材瘦削的老师（后来知道是蒋伏心老师）提了个问题，其余都是王老师提的。那时候，我十分惭愧，还不知道什么是学术殿堂，就这样云里雾里地走了进来，就像一只迷途的小鸟，一下子进入了一间宽大的房子，并有点不知所措。

2000年的夏天，我随王老师坐火车前往北京开会，路上王老师纵横捭阖，跟我讲了伦理学的渊源与发展，还讲了研究伦理学的大家、作品。王老师跟我说："最近我在研究经济伦理，你也可以看看。到了北京，有问题可以请教各位。"在北京，我第一次见到了罗国杰老师、唐凯麟老师、焦国成老师、夏伟东老师和葛晨虹老师等。那一次盛会对我来说就是认识各位前辈，是我伦理学的"破冰"之途。

读书期间，我跟着王老师拜访了很多大家，开了几次会议，聆听了几场报告。如2000年，随王老师拜访了罗国杰老师，王老师在罗老师面前依然那般谦虚，恭恭敬敬地请罗老师给自己的书写序。罗老师那时已经有病在身，但是依然拿起眼镜，聚精会神地看着书稿，清癯的面庞给我留下认真的印象。我还非常幸运地与罗老师合影留念。后来又到宋希仁老师家。宋老师拿出论述《资本论》商品经济伦理的手稿，请王老师审阅。好像还是2000年，王老师在南京组织召开第一届全国经济伦理学会议，邀请了唐凯麟、朱贻庭、章海山等人，为此，我有机会逐一向他们请教。还记得万老师从他在中山大学时的抄书经历到师从周辅成老师一路娓娓道来，说起自己研究西方伦理思想下的苦功。多年后看到赵越胜写的《燃灯者》，才知道周老师和他的弟子的心路历程之艰辛。万老师还说，王老师是专门研究经济伦理的，应该向他学习，但是他自己也研究过经济伦理，于是当夜送我一本他的新书——《寻求普世伦理》。

那时候，王老师已经提出"道德资本"的理论构想，已在《江苏社会科学》和《道德与文明》上连续发表了论文，还在会议上与有关人员探讨"道德是否是生产力？"当然王老师的观点只是想引起伦理学家和经济学家的广泛重视。王老师的思想主要来源于中国当前的经济实践，他做了现实的理论的思考，再将中国的经济伦理实践推向新的高潮。

2001年3月20日晚上，王老师打电话给我，说："要开题了，准备一下，想写什么呢？"这可使我愁绪上头，一晚上未睡着，是啊，写什么呢？当时我很想写"资本道德论"，但是思来想去，这是王老师的看家功夫，自己还未吃透，怎么写得好呢？后来与同学们一起商量，定下来写"马克思经济伦理思想研究"，于是我就写了开题报告。不曾想，开题报告被王老师一顿批。后来在王老师、公老师的指点下，才凑成一个研究提纲。

那时候，我因论文问题没少打扰王老师。老师诲人不倦，循循善诱，往往就一个问题，引经据典，深入探讨。有一次，我在王老师那里查有关"剩余价值"的资料，王老师说："找一找马克思的观点，为什么和怎么用的。"于是我翻了一本又一本手稿和笔记，终于在《1857—1858年经济学手稿》中发现了"剩余价值"的出处。

王老师为人敦厚，聪明能干，他当伦理学会副会长时每每在伦理学会议的总结上最能体现。三言两语，切中要害；微言大义，豁然开朗。王老师经常讲"道德资本"，除了十论"道德资本"外，还写了《道德资本》的书。王老师这样解释道："第一，'道德资本'与马克思提出的'资本'的本性有着本质区别。第二，'道德资本'与道德资本化没有逻辑关系。第三，'道德资本'概念的提出不会使道德陷入工具化的危险境地。第四，'道德资本'理论的提出不会使资本更加肆无忌惮并败坏社会风气。道德资本提出之后，遭到了学术界的质疑，这是正常的争鸣，我相信争鸣能够促进学术的深入；我坚持认为，道德是经济发展不可或缺的支撑力量。要澄清一个概念，'道德工具化'是一个伪命题。因为，一是如果把道德仅仅作为赚钱的工具，这时候的道德不是我所指的趋善意义上的道德，而是趋恶意义上的道德，甚或是伪道德，是缺德。如果缺德而赚钱，那是特殊社会背景下的暂时的畸形经济现象。二是如果把道德作为市场上的交易条件或手段，这说明道德或良心可以用来交换或买卖，那这样的所谓道德或良心还是我们所理解的道德吗？"

毕业以后，虽然和王老师在一座城市，但是会面较少。王老师的朋友很多，当他请来唐凯麟、万俊人、夏伟东、焦国成等人时，就会把我们叫到身边，一起聆听大家之言。

道不孤远，弘之在己。王老师的文学和书法一样见好，他写了《溧阳赋》之后，又写了《天目湖颂》，其中有："粼粼波光，交映蓝天；云飞水中，鸟翔云伴；云随鱼游，湖若太空。"其实，这也是他的境界、他的高度。

我与导师

张 露

第一次与导师的近距离接触,是在1999年大学毕业后。当时我去学校将党员组织关系转出,负责这项工作的老师说要补缴十元党费,或许是出于对一个刚毕业穷学生经济状况的担忧,他采取了一种不确定的询问口吻。然而还未等我开口回答,坐在最里面靠近窗的一位年长些的老师停下手中的笔,调转头来,关切地问:"带钱了吗?没有的话,我这里有。"他穿着一件普通的白色短袖,戴着一副黑框眼镜,厚厚的镜片后是宽厚而和蔼的目光。这便是我和导师的第一次见面。不曾想多年后,我有幸成为王老师的弟子,跟随他完成了硕士、博士的学业,也由此改变了我的人生轨迹。

大学毕业之后的头几年,我在一家当时颇有名气的国有证券公司工作,干着与大学所学专业风马牛不相及之事,却安于证券行业的颇丰收入,每天打卡上班、下班,俨然成了一个刚毕业就看到几十年后的人。如果不是公司的信用危机、高层震荡,我以为自己要维持这个工作状态一辈子了。公司所经历的一切,让我开始思考经济发展和企业经营，除了纯利益之外，是否还应该融入理性与良知。带着这个念头，我选择重新回到校园，继续读书。经过数月的备考，我顺利考入南师大伦理学专业，并幸运地被分到王老师门下，进行硕士阶段的学习，后来继续攻读博士学位。

导师是严格的、严厉的。记得有一次为了完成一部教材中的一个章节，我翻看参考文献，挑灯夜战，在十分紧迫的时限内完成了任务。交稿之后的一个傍晚，我接到王老师的电话，问我有没有就其中某个问题进行仔细地考证，并指出了文章中的明显问题。说实话，当时我的心里是委屈的。也许是感受到我的心情，王老师在电话里说："辛苦完成了写作，不但没有被表扬，反而被批评了，试问天底下哪有这样的事呢？但是在学术研究上就会有，因为学术是严谨的，来不得半点含糊！"从此以后，我每每写作，都想起王老师当时讲的话，提醒自己切不可有半点马虎。也就是在王老师严谨治学的精神和求真求是的态度的影响下，我在工作上虽谈不上多有建树，却有一点一直为领导和同事认可，那就是：做事情很认真，很负责任。

时隔多年，在学校的一次科研交流活动中，被年轻教师问及如何兼顾好科研和家庭。我说自己资质不高，学术上不够精进，有愧于导师，但至今都十分感谢导师收我为徒，引我入门。科研和家庭从来都不矛盾，我所养成的读书、思考、写作的习惯，对女儿的正向影响，对她来说，是极其有益的；于我而言，也是值得欣慰的。

十多年来，我和先生即使工作再忙，隔一段时间都要去导师那里。一来看望他和师母，望身体安康；二来汇报学习工作的情况，得教诲指点。如今我已是在高校工作十多年的老教师了，先生在工作上依然保持着当初的那份热情和责任，女儿也即将升入心仪的中学，迎来人生的新阶段。我们一家人普通但努力，平凡而幸福。这一切，都离不开导师和师母多年来的关心和教导。

林中路向故园心

张 霄

前方的路,你可以自己选择,这叫自由。但回头看去,你走过的路,却只有一条,这是命。人生朝露,起起伏伏,既是自由,也是命。积极的人会说,我的命运自己选择;消极的人会说,我的选择命中注定。2002年的夏天,我被南京师范大学录取,选择了自己的命中注定。这个故事,细细说来,要从我进入南京审计学院读书时开始讲起。

南审是一个有故事的地方。刚进校的时候,我就听说,它是一块"没落贵族"的叹息地。在当时,南审虽是一所二本院校,但由于专业俏、就业好,录取分数很高,一些热门专业甚至超过一本分数线一大截。在我的印象中,刚入学的时候,大家聚在一起,讨论最多的话题就是"高考失利",听到结尾常常是一声叹息。情景多半是这样的——张三惆怅地说:"早知报×××差几分,报×××就好了,那专业还不是随便挑!嗨!"李四不服气地说:"这算什么,我离那×××就差一分!我还是全市第二名呢!嗨!"王二一听按捺不住了:"你们都嗨什么嗨,我都过了

×××分数线了，不服从专业调剂才到这里的！"末了，大伙齐"嗨"一声，之后就再不说话了。其实，我们那个时候除了"嗨"志愿，还"嗨"南审的弹丸校园，"嗨"它一页纸就可以翻过去的建校史，"嗨"它图书馆门前忍俊不禁的雕塑，"嗨"它"让你用、用、用不完"的风雨操场……那时候，"嗨"是一种心态、一种氛围、一种气质、一种价值观。它道出了多少南审人郁闷而憋屈的青春，幻化出多少南审青年峰回路转的离奇故事。据说就有一位高分进入南审会计专业的学长，"嗨"过之后发奋图强，四年后毕业居然自学考上北大生物专业研究生，其跨度之大、难度之巨、意志之坚，只有脑洞大开才能充分想象。原本，对这些充满梦幻色彩的故事，我也就当作童话听听、谈资聊聊。可万万没有想到，自己最后也走上了这条路，只不过，故事情节有很大的不同。

一开始，我也跟着"没落贵族"们"嗨"两下。但此"嗨"非彼"嗨"，我"嗨"完全是凑热闹，因为我根本没什么好"嗨"的。就我高中的学习成绩而言，能考取南审，已经是我望眼欲穿的人生高度了。校园小有什么关系？比我高中学校已经大三倍了！校史短有什么关系？只要比我年龄大就行！我心目中既没有理想的大学，也没有大学的理想，我只有一腔憧憬"放养"生活的鸡血。刚入校的一年，是我"激情四射"的一年。我混进各种协会，玩吉他、学舞蹈、写诗歌、做采访、练书法，样样都来；我参加各种比赛，校园歌手大赛、校园辩论赛、诗朗诵比赛、主持人比赛、书法比赛，赛赛不落；我现身各种活动，晚会、歌会、读书会、诗会、运动会，会会不丢。我"东奔西走""上蹿下跳"，忙得不亦乐乎，就是忘了忙学习！因为我很难想象，一个"伟大"的歌手、辩手、作家、诗人，难道还需要关心学习成绩？在办公室里等我很久的班主任背着手告诉我：这是需要的！就在那一刻，我突然意识到，许久以来我好像只学会了一件事——大红灯笼高高挂。

按理说，在这个时候，我应当追求标准的人生指南——在哪里跌倒就在哪里爬起来。可生活就是那么任性，我偏偏选择了"在哪里跌倒就在哪里躺下睡觉"。可想而知，我的成绩已经一落千丈，久而久之，"挂红灯笼"已经被我练成了必杀技。人有"梅花三弄"，我有"期末三痛"：一痛考前不知看啥，二痛考时不知答啥，三痛考后不知考的是啥。这样的日子，我足足过了一年半。直到大三下学期的一件事，才把我从睡梦中敲醒。

记得那是在"国家税收"课程的期末考场上，我坐在教室最后一排背诵税率表。大概是我认真的样子充满了喜感，大伙给我齐声鼓掌，有同学笑着问我："开始好好学习了？"在平常，这也就是同学之间的一句玩笑话。但在那一刻，我伤自尊了。我意识到，自己已经成了同学眼中的异类。我必须做些什么来证明自己！那次"国家税收"

考试虽然也没及格，但我却在考后做了一个决定：我要考研！这个勇敢的决定震惊了我自己却没有让我周围的空气有一点点的振动。在当时，包括父母在内的所有人恐怕最想对我说的就是："我该拿什么来信你，你那破碎了千万次的成绩。"幸运的是，这个执念后来没有成为妄想，最终被我做实了。其中，除了自己考研前三个月地狱式的复习准备，还与一位老师的提点和帮助分不开。

一天中午，我在教学楼的电梯口碰见了大一时的思修课老师——郭建新教授。她问我近况如何？我随口回了一句："不好！"或许是那句"不好"听起来反常，郭老师先是一愣，转而问我出了什么事，能不能和她说说？就这样，一句再平常不过的寒暄，"暄"出了那天下午一次"反转我人生"的重要谈话。我向郭老师诉说了自己两年来的状况和心理变化，信誓旦旦地告诉她，自己要通过报考南京大学企业管理专业的研究生完成逆袭。郭老师先是没有表态，而是问了我三个问题："数学如何？英语如何？专业如何？"我只能回答："基本都挂！四级没过！专业没把握！"郭老师接着说："你要改变现状是好事，但要有策略。南京大学企业管理专业是国家重点学科，分数蛮高，报考难度不小。况且现在时间紧迫，以你目前的情况，胜算不大。如果你很想在经济管理方向继续深造，我推荐你报考南京师范大学公共管理学院的经济伦理学专业，这个专业属于交叉学科，和经济管理方向高度相关，关键是这个专业不用考数学！这样你就可以在避开短板的同时拿出更多的时间主攻其他科目。"我一听就来劲了。经济伦理学，这个不用考数学的"经济管理"专业简直就是我的逆袭神器呀！一个月后，当我填报考研志愿的时候，我才知道，经济伦理学专业是哲学一级学科下属二级学科伦理学的三级研究方向。我就是这样一不小心踏入"哲学圈"的。说来真是"上错花轿嫁对郎"，我要感谢郭建新教授，是她帮助我选择了当时不了解后来却爱不离的哲学伦理学专业，选择了自己的命中注定。这一切，太机缘巧合了。

其间，还有许多故事细节现在想来都忍俊不禁。郭老师当时和我说："南京师范大学有一位叫王小锡的教授，是国内知名的经济伦理学研究专家，我和他是非常要好的朋友，我推荐你去拜访他，你能不能报考，还得看他愿不愿意收你。"

记得一个星期二的下午，我按郭老师约好的时间前往南师大公管院，见到了和蔼可亲的王老师。他问我："听说你想学伦理学，以前接触过吗？知道伦理学是研究什么的吗？"我一头雾水地回答："王老师，不是说经济伦理学吗，这伦理学是啥？他和经济伦理学有什么关系啊？"王老师笑着给我一本书说："你先回去看看这本书，看完了再回来找我。"于是，我拿着平生读过的第一本伦理学专著——王老师的《伦理学通论》，忐忑不安地回家"啃"

去了。或许是自己真喜欢伦理学，读着读着读出了兴趣，一周就把这本书读完了。

后来郭老师告诉我，为了不让我在考前抱有任何侥幸心理，她并不想告诉我她和王老师之间的关系。出了分数后我才知道，原来郭老师和王老师是夫妻。就这样，王老师成了我的导师，郭老师成了我的师母。

人生的幸运之处就在于当你迷茫的时候有个人可以给你指条路、搭个桥、推一把。我很有幸在经历了从高中开始长达五年的叛逆期之后，遇上了郭老师和王老师这对学术伉俪，无私地帮助我选择了适合自己的人生道路。虽然这些故事很多已成笑谈，但作为学生，心里对王老师和郭老师的那份感激却是永远不会褪色的。

我心中那株不老青松

张晓磊

师者，所以传道授业解惑矣。在我的求学生涯中，遇见过很多老师，其中不乏良师益友，却不曾想在读博期间有幸遇到了一生中最重要的导师——王小锡老师。师者如灯，照亮前行之路；师者如火，温暖学生的心；师者如父，深深关切在心间。我更喜欢唤王老师一声"师父"，如师如父，既是我学业上的引路人，更是我人生中的一盏明灯。

于我心中，与师父的相遇、得师父的教导似乎隐隐中早已有安排。我硕士就读于南师大行政管理专业，那时候就知道我们院王小锡院长，是一位学识渊博、诲人不倦的大家学者。在众人眼中，这位王院长在学术上建树颇高，在工作和生活中对待同事亲切和善，对待学生平易近人，与其说是领导和老师，更像是一位和蔼可亲的长辈。毕业后，我留在南师大成为一名老师，并且选择继续学习、提升自己。在选择读博的专业和导师时，我一心想要跟随师父学习，于是在征得师父的同意后，毅然转到了伦理学专业。在跟随师父读博期间，我才得以真正地、近距离地了解师父，而认识得越深入，越为师父的人品和学识所折服。

师父最令人折服的除了他渊博的学识之外，更是他对待学问那持之以恒、孜孜不倦的态度。多年来，师父一直都致力于对"道德资本"的研究，在学术上获得了巨大成就，在生活中他也总是以德为人、以德育人、以德处事，他时时教导我们为人处世要讲道德、凭良心。几年前我曾随师父、师母去日本参加一场学术会议，这次经历更加深了我对师父的认识和了解。在与日方学者的会议交流上，师父对"道德资本"精炼深刻的论述，加之引经据典的案例佐证，令与会的日本学者们心悦诚服。师父对自己的学生谆谆教导，对于来向他请教学问的人也是倾囊相授、毫不藏私。有一件小事，至今让我记忆犹新。有一位同事攻读南航博士学位，在答辩前夕，她找到师父帮忙修改论文。师父二话不说，认真仔细地为她修改论文。后来她不止一次在我面前感慨师父不仅学识渊博，对于不是自己的学生，他也是悉心指导，充满大家风范。

　　师父对待学生是严厉而又慈爱的。读博期间，师父每隔一段时间就会询问我们的学习近况：有没有认真研读经典，有没有做好读书笔记，最近对学习有什么心得体会。有时候我也会开玩笑地跟同学说："害怕看到师父，因为如果没有好好学习，是会被师父狠狠批评的。"每一次给博士生上课，师父也倾囊相授，并且把如何做科研的心得毫无保留地教给我们。我跟着师父参与过几部书籍的编写工作，如《中国经济伦理学年鉴》《中国伦理学七十年》等。我知道，这也是师父给予我的提升自我的机会。因为每次的编著工作都是在师父的严格要求下完成的，在不断写作和修改的过程中，我的学术和写作能力都得到了提升。在对学习严格要求的同时，师父对学生更是关怀备至。我的先生就很喜欢和师父聊天，每次去看望师父，他都会把最近的工作跟师父聊一聊，师父也会适时地给他一些有益的建议，先生总是跟我说："师父是一位有大智慧的学者，即使稍微地点拨也会让人豁然开朗。"

如果说人生路上得遇师父是一种宿命，那与师母的相识则是最温暖人心的美好。初识师母时，我一直都觉得师母看起来言语不多，似乎比师父要严厉得多。直到有一次和师母一起出行，才发现师母对弟子的疼爱，比起师父来不遑多让啊。当时正值孩子刚上小学一年级，在跟师母闲聊时就谈到了当下孩子的教育问题。我记忆犹新的是，师母一再强调孩子一定要从学习和生活习惯抓起，低年级考试分数不是最重要的，只要学习态度端正了，以后才能正确对待学习。当时我正是一名小学生新手妈妈，孩子刚进入小学的各种不适应也让我不知所措，师母的一番话醍醐灌顶，让我一下抓住了低年级教育的核心。时至今日，每每想起和师母的那番交谈，心里都充满温暖！

桃李不言，下自成蹊！师父和师母给予学生的教诲必将铭刻心中，为人、处事、学习、工作中也会时时谨记师父、师母的教导，以德律己、以德育人！

随园记忆

张 振

自 2001 年到随园读书,至今已经快二十个年头了。从攻读硕士学位到毕业留校工作,我一直就在这个地方生活、学习、工作,准确地说,随园是我成家立业之地。这里的一草一木、这里的一人一物、这里的春夏秋冬,尽管不全在我眼底,但总要比"毕业远行的同学"熟悉一些。

我从大学时起就对南京有着莫名的向往。几经周折,2001 年,我终于来到心仪之地读书了!为了生计,我也和同学们一样经常偷偷地溜出去满城"带课",日子过得还较为惬意。幸运的事总是在不经意间发生。研二下学期时,记得当时研究生秘书何老师打电话给我,问我是否愿意到研究生管理办公室帮忙(相当于现在的助管),我二话没说就答应了。大概是何老师在南京大学攻读博士学位的缘故,当年暑假"两课"硕士的日常管理任务基本上都落到我一个人头上。我几乎每天第一个到逸夫楼,晚上最后一个离开;记忆中,王院长每天来得也很早,因此我每天去办公室的第一件事就是帮他把空调打开,然后去处理自己的事。由于不熟悉他的缘故,我基本上没有也不敢和他打交道。记得有次中午休息的时候，他问我姓名、专业后，还顺口表扬了我几句。机缘巧合，我的"助管"岗位在毕业前半年就转正了，我成了一个真正的研究生秘书！更为重要的是，毕业第三个年头，王老师同意我报考他的博士，由此我也就顺利地进入了"随园伦理"这个大家庭，逐渐熟悉了王老师，熟悉了"王门"的兄弟姐妹。

在南师人的心目中，王老师是一位好领导。印象中，他是南师大历史上几位杰出的院长之一。在任职期间，他带领学院成功解决了治学过程中的三大问题：一是学科问题——头等问题。学科是龙头，是一个学院能否在学校立足的重要保证。王老师任职期间，学院的马克思主义理论与思想政治教育学科先后获得江苏省重点学科建设培育点、马克思主义理论一级省重点学科、科学社会主义与国际共产主义运动重点学科、哲学一级省重点学科和马克思主义基本原理国家重点学科，几乎获得了省级和国家级重点学科建设的"大满贯"。二是学位点问题——核心问题。学科是龙头，学位点是学院的生命，是高校学院之间核心竞争力的标志。2001年，经济法政学院"分家"时，政治与行政学院（很快又改为公共管理学院）仅有马克思主义理论与思想政治教育二级学科一个博士点，有伦理学、科学社会主义与国际共产主义运动、马克思主义理论与思想政治教育、学科教学论（思政）等4个二级学科硕士点。王老师带领学院先后成功申报行政管理硕士点、中共党史硕士点、公共管理一级学科硕士点、哲学一级学科硕士点以及科学社会主义与国际共产主义运动博士点、伦理学博士点、马克思主义理论一级学科博士学位授权点、哲学一级学科博士授权点，先后完成哲学和马克思主义理论两个硕博士学位点的人才培养体系，同时还成功申报了哲学和马克思主义理论两个一级学科博士后流动站。三是建设经费——头疼问题。虽然钱不是万能的，但对于二级学院的发展来说，没有经费是万万不能的。印象中，像王老师这样的院长、学界大咖，如果在全国"走穴"，在不断扩大自己学术影响力的同时，经济效益也会很明显。但作为一个知名院长，他很少出去讲学，他把学院当作自己的"小家"对待。他把自己的时间一部分用在学科学位点建设上，一部分用在学院建设的经费筹集上。此外，在王老师的带领下，学院先后举办"两课"硕士班、江苏省二级面试考官班、自学考试、特色自考等等，很好地解决了学院建设与发展中的经费问题，也极大地提高了学院教师的获得感和成就感。

在学界同仁和弟子的心目中，王老师是一位好老师。首先是在教学方面，教学兢兢业业，是南师大讲台上的一个"巨匠"，很多听他讲过课的人都终生难忘。其次是在科研方面，王老师主持并完成了国家社科重大项目（1项）、国家社科重点项目（1项）、国家社科项目（3项），其他省部级项目几十项。他是全国有名的经济伦理学家和"道德资本家"，提出"道德资本""道德生产力"等原创性概念，构建了中国经济伦理学研究体系，开创了独具特色的中国经济伦理学研究领域。王老师的原创性研究成果和主要观点已经得到国内外学者的广泛认同和传播。

王老师最为自豪的是培养了一大批高级知识分子。王老师在三尺讲台辛勤耕耘四十载，授过课的学生数量已数不清，仅以他本人直接指导的研究生为例，其中已经毕业的弟子中已有多位成为博士生导师、省管干部、央企高管等等。令人惊讶的是，在众多弟子中，尤其是博士研究生，个个都能顺利毕业不能不说是学界的一个"奇迹"（据统计，国内近年来的博士生毕业率远远低于50%）。这与王老师在研究生培养方面的辛勤付出密切相关。不说是王老师的"独门秘籍"，最起码是他的学术研究和培养研究生心得的"学术之道"起到了重要作用。王老师培养学生的理念是"授人以渔"，传授的是学术研究的方法和路数，然后根据每个人的兴趣和爱好选择研究方向，最后按照"大树理论"，从树的主干—次干—大枝—小枝的步骤方法寻找该领域的前沿问题，建构自己的研究平台，再分析和发现问题，采取跨学科的视野解决理论或现实问题。因此，王老师的学生基本上都有自己相对明确的研究方向，在自己的研究领域大多独树一帜。

我的随园记忆，有我的许多恩师、许多同事、许多朋友，有一起学习的同学，还有"随园伦理"这个暖暖的大家庭！

追寻思想的亮色

张志丹

一位学者搞一辈子研究,如果提出了新概念并受到学界的认可,不仅是个人之幸,而且是学术共同体和学科之幸。在哲学社会科学领域,不乏新概念的创制者,呕心沥血,著书立说,树帜立学。其中,我的博士后导师王小锡教授可谓一个特立独行的成功人士,他曾经提出了多个原创性概念,其中几个概念曾经引起过学界的"轩然大波"。这就引起了人们莫大的兴趣,为何他能够做到这些?

按照马克思主义的观点,人的正确思想是从现实中、实践中来的,不能无中生有、空穴来风。一种思想的提出,需要外在环境,往大了说,与世界形势、国家状况都有关系;往小了说,与一个人所处的小环境,比如学术共同体、单位和团队的情况息息相关。即便如此,同样的环境,有的人星光灿烂,有的人默默无闻,除了运气成分之外,只能说是对于外在机遇的领悟和把握。王老师的"道德生产力""经济德性""道德资本"等原创性概念,犹如一道道闪电,照亮了经济伦理学研究的夜空,也因此,他甚至被誉为创新型学者。

可是，王老师并非天生就是"学问家的胚子"。实际上，他出身贫穷，而且又赶上了"文革"，后来时来运转，他的学术生涯，伴随着中国改革开放岁月，高歌猛进，新的思想，新的实践，新的发展，日新月异，这是一个呼唤思想创新的时代。而且，那时候的南京师范大学公管院，经常云集国内外名流大家，比如，有伦理学大家罗国杰、唐凯麟、魏英敏、朱贻庭、夏伟东、万俊人、焦国成、葛晨虹、龙静云、李萍、李建华等，还有马克思主义理论的巨擘侯惠勤、张一兵、俞吾金、任平、杨适等，都悉数莅临学院讲学。这极大地开阔了我们的学术眼界，提升了我们致力于学术研究的自信心。可以说，公管院是一个充满生机与活力的学院。随园是一个环境优雅、古色古香，能够孕育、激发和产生思想的著名校园。2002年，我进入南师大随园攻读硕士时，的确就是这样一种感受。

随着改革开放的发展，国内经济社会关系日益多元化、多样化，哲学伦理学的发展也与时俱进，日益分化，出现了不少关注社会热点问题的具有应用型的分支学科。经济伦理学就是其中的一种重要的新兴学科。实际上，创新的基础是实践，没有经济伦理的实践，就不可能有经济伦理学研究。但是，有了实践，还需要相关知识背景的人去做、去开拓才行，所谓"道不空行，必依其人"。王老师是地道的农家子弟，立志以学术报国，认为"学术为天下公器""学问当服务社会"。这种"责任伦理"只是创造出原创理论的必要条件,而非充要条件。只有具备较为扎实的伦理学和经济学功底的有心人,才具有创立经济伦理学学科、提出一些支撑学科发展的核心概念的可能性。"道德生产力""道德资本"的破土而出,使得经济伦理学原创的"可能性"变为"现实性",体现了典型的伦理学与经济学的知识交叉,体现了概念创制者卓越的"共鸣力",尽管概念在提出之初饱受争议,至今甚至也仍存在某些不同声音。但作为经济伦理学当中影响力最大的一个理论——"道德资本",已经"开花结果",得到国内不少企业家的认可,成为企业文化之魂,发挥着重大的实践功能,同时,"道德资本理论"已经被翻译成多国文字出版了。王老师常说,做学问,要扎实扎实再扎实,认真认真再认真,他是这么说的,也是这么做的。一个"道德资本"理论搞出了"九论";一本《经济伦理学年鉴》,一做就是二十年;一个"中国伦理学"研究梳理,从"60年"做到了"70年";等等,这种精益求精、洋溢着生命张力的"工匠精神",体现了王老师做学问的扎实、坚持以及犀利、敏锐的超一流水准。学界同仁赞许地称之为"道德资本家"。

  王老师不仅是"经师",而且是地地道道的"人师"。他自己做了原创的表率,并现身说法,反复叮嘱学生,拿出自己的学术特色,以此报效国家、服务社会。他反复提醒学生:"人生三条路,当官、赚钱、做学问,不管干什么,都要走正道,发挥正能量,唯此方能'尽到努力不后悔，问心无愧不伤神'。"在王老师的鼓励下，不少弟子锐意创新，做出了自己的特色学术，比如企业伦理、劳动伦理、音乐伦理、资本伦理等。我自己也尝试着提出一些具有新意的学术概念，借以说明学术问题，比如，"比较经济伦理学论纲""伦理生态""道德经营""张力意识形态""马克思主义意识形态学"等。可以说，王老师的鼓励是弟子们锐意创新的理论底气。

同时，毫不夸张地说，王老师当年也是国内高等学府院长群中一位能够"开疆拓土、攻城拔寨"的"虎将"，他在任时先后拿下了两个一级学科博士点（含15个博士点），增加了22个硕士点，其中马克思主义理论学科长期雄踞华东高校榜首，名震国内。每每我们提到这些不可复制、只可仰望的赫赫"战功"时，王老师总是淡淡地说，那都是过去的事情了。

近两年来，由于工作的原因，我举家从金陵来到申城，因为担任了行政职务，行政事务陡然多了许多倍，可和王老师的联系并没有中断。一旦静下来，王老师关于一心向学、原创学术的谆谆教诲，时时刻刻在耳畔回响。我在想，有好多事情，理不隔行，发展方向一旦找对了、认准了，就要久久为功，砥砺奋斗，久而久之，必成大器。个人如此，国家、民族也是如此。

掩卷长思，自己深感学术不仅是自我实现、自我超越式的修行，也是一份无论如何都不能推卸的社会责任。尽管自己在学术之路上已经摔打经年,如果放松对自己的要求,忘却了道义,走向何方,何去何从,也很可能出现摇摆,甚至会步入迷途。不断回首自己走过的路,比较别人走的路,带着恩师给我们的"精神干粮",毅然"再出发",使出自己的洪荒之力,续写安于平凡而又不平凡的人生乐章,以此延续恩师的"初心",薪火相传,为国为民贡献智慧和思考,奉献自己的绵薄之力,或许人生就不会有多大的遗憾,这样,也算是对"师恩"的一种报答。

春风化雨　亦师亦友

朱金瑞

能够进入"王门",成为王小锡先生的弟子实乃我平生最幸运的事情之一。自 2002 年到南师大攻读博士学位,至今已达十七年之久。导师于我,亦师亦友、如父如兄。

引领学术,寒窗之苦不觉苦。2000 年,35 岁的我被破格晋升为教授,在当时的河南学界也算凤毛麟角。能够当上大学教授是我职业生涯中的最高理想。在短暂的"得意"之后更多的是迷茫。下一步目标是什么?当时正值河南省公开选拔高校副职,因有教授职称我便具备了报考资格,加上从事的又是思政课教学,大家都认为我有竞争优势,学校主管领导一次次地动员我,我也希望能前进一步。但我当时处于人生的特殊时期,经过认真思考,下决心放弃报考而专注学术。基于供职高校的财经性质,主要从事经济伦理学的研究,我先到北京大学经济学院进修经济学,并向中国人民大学一位名师请教报考的专业方向问题。老师给我分析了当时国内学术界的研究状况和我自身的学术积累,建议我报考南师大王小锡教授的博士。我开始在访学期间系统地学习王老师的论著。在学习中得知，王老师是我国经济伦理学学科的创始人之一，王老师带领的南师大经济伦理学团队更是全国该领域的旗帜和研究中心之一。在中国人民大学老师的大力举荐下，我参加了2011年在南师大召开的中国经济伦理学第一次会议，十分幸运地结识了王老师。王老师的儒雅大气、会议组织的高端有序、对与会者的热情周到及对会议方向的把握等都使我深为敬佩。我下决心把读"王门"博士作为人生的下一个目标。清楚地记得当接到录取通知书后，我给王老师打电话，请教该怎么学习。王老师让我先写一篇有关经济伦理学的研究述评，开学后交上。于是，我利用暑假开始大量阅读有关文献并进行构思。2002年9月3日是南师大开学的日子，因要筹备在郑州召开的第二次全国经济伦理学会议，我晚报到了两个星期。当我拿着约2.5万字的研究述评作为向王老师报到的作业时，王老师说先放这里，他要看看再说。过了几天，王老师通知我去谈此事。我惴惴不安地等着"判决"，能够猜测到可能离老师的要求距离很大。我准备好了挨批。但结果与我想象的相反，老师和蔼可亲，娓娓道来，首先对我进行了表扬和肯定，接着指出了问题所在和解决的办法。我松了一口气，用豁然开朗来形容当时的心情一点也不为过。在王老师的精心指导下，我在原来研究述评的基础上整理发表了《中国经济伦理学十大热点问题》(《江苏社会科学》2003年第5期)一文。在写作此文的同时，王老师带我和师妹汪洁进一步研究，并给予经济资助，经过一年多的时间，整理出版了《中国经济伦理学二十年》（55万字），为改革开放以来的中国学术界关于经济伦理学的研究做了一个整体的梳理、回顾、总结。在当时还没有期刊网的情况下，此书不仅是经济伦理学的一本资料书，而且也为经济伦理学研究提供了前沿平台。完成此书过程中，按王老师的要求，我与收入本书论文的作者一一打电话征求意见，既是对专家们的尊重，也是向专家们学习的一种好方式。由此，系列文章《中国经济学家关于道德的追问》《中国企业伦理模式及特质分析》《当代中国企业伦理的几种模式分析》《计划经济时代中国企业伦理分析》等十几篇论文在核心期刊上发表。通过这些方面的积累，我找到了经济伦理学研究中一个相对薄弱的也是自己相对积累较多的领域——企业伦理史，找到了研究方向和研究方法，发表了系列成果，并顺利荣获博士学位。我重新找回了自信和自尊。回顾自己不惑之年再返回学校当学生的种种艰难，都在老师的鼓励帮助下化解和克服；回想三年的读博生涯中老师的循循善诱、诲人不倦，对我学术兴趣的培养和学术潜质的激发，感慨万千，我在博士毕业论文的"后记"里记录了这样的心情："导师王小锡教授引领我不再把枯燥的学术视为寒窗之苦，终有'衣带渐宽终不悔'之感。"自己已从教三十多年，如果把职业生涯分为两个阶段，读博则是个分界线，前十五年探索前行、跌跌撞撞，后十五年目标清晰、砥砺奋进，导师的大格局、高境界、独特的育人方法等都是我精神的导航。已过知天命之年的我，把这些宝贵的财富等都付之我教学和带学生的实践中。每每给自己的研究生上课和谈心，我都会不自觉地谈到王老师的教生有方及对我学术之路的引领，这是我作为"王门"弟子最大的收获。

先生为师是我的楷模，为人处事也是我的榜样。用现在流行的话说，我是王老师的"铁粉"，对其高尚品格崇敬之至。"尽到努力，顺其自然"是王老师的座右铭，他的办公室里挂着这幅字。记得刚入学不久，一次课间休息，当我们问及为什么要挂这幅字时，王老师很认真地给我们解释了他对这句话的理解，即为人为学都要尽心尽力、精益求精、不求回报。看似很普通的一句话，但老师的宽广胸怀、敬业乐业、勤奋进取、无私奉献等尽现其中。老师是这样说的，更以他的行动践行和诠释着这个深刻的道理，并一以贯之地以自己的言行给学生们示范。

读博期间，正值儿童小说《芝麻开门》在中央台热播，当时9岁的女儿听说作家祁智是南京人，一心想拜见，王老师听说后多方联系，让女儿见到了祁智先生，满足了女儿的愿望。王老师此举对女儿的影响巨大。当年祁智先生在《芝麻开门》一书上所写的"身在正道上，心在童话里"亦成了女儿的座右铭。从南京回来后，女儿以

"可亲可敬的王小锡伯伯"为题写下了这样的话:"在我的想象中,一个学问高深的人,第一是应该比较年长,可能已经白发苍苍;第二是比较严肃,不苟言笑;第三是比较凶,说起话来指手画脚,先声夺人,一副居高临下的样子。至于个子吧,应该比较矮;穿着应该是西装革履……但通过和他的接触,才发现我的猜测是十二分的错误。王伯伯和他的弟子们又说又笑,偶尔还开几句玩笑。他的学生们也全没有我想象的那样唯唯诺诺,在导师跟前大气不敢出的样子,看起来似朋友一样。尤其令我大大吃惊的是,王伯伯心很细,也很会猜小孩儿的心思。知道我很崇拜《芝麻开门》的作者祁智叔叔,就立马拿起电话进行了联系,这使我非常高兴,并改变了我心目中大教授一般不近人情的印象。真没想到,王伯伯的礼节那么多,我们回郑州的当天,王伯伯还专门为我们送行。王伯伯问起了我的理想、对南京的印象、在南京的收获等等。尽管王伯伯总是笑着问我,但无论如何我无法打破对他的那份神秘感,因此显得十分地拘束,很多的时候答非所问。看起来,大家就是大家,他的一切行为都大大地令我不好探究。王伯伯的学问,我很崇拜;王伯伯的为人,我更敬仰!"女儿当时还是小学生,已经成为王老师的"粉丝",受我的影响,她在大学毕业后又考入南师大公管院,现已顺利地完成了学业。

师生情谊,永远的珍藏。导师和师母的专业相同,为人也相似。2005年毕业后，作为王老师经济伦理学团队的一员，我仍然经常打扰导师。课题论证，观点提炼，文章发表，工作方法，为人处事……每当遇到难事愁事，我总是给导师打电话请教，老师总是十分耐心地给予解答。在导师面前，我们永远都是一个没有毕业的学生。导师是这样，师母也是如此。作为伦理学教授，师母不仅道德文章做得好，著作等身，更是"做道德人"的典范。她大气温厚、性格开朗，既有江南女性的柔美婉约、有情有义，又有北方人的正直豪爽、侠肝义胆。于我，师母既是老师又是闺蜜，学术上给予指导，生活上给予照顾，见面又无话不谈。特别让我感动的是，师母十分关心我的生活，出差路过郑州，定来看我；外出旅游看到好的纪念品也总是不会忘记给我们带上。点点滴滴，用心至深，让我备感温暖。2012年春天，我们一起到英国参加学术会议，一路上师母对我关怀备至，讲解、拍照，解除了我的思乡之苦，也打消了我第一次出国的忧虑和紧张。

时光飞逝，老了容颜，却沉淀了情谊，更浓更醇。

2019年5月2日于郑州郑东新区毓苑

雁度秋色远　日静无云时

我的 1970 年代

郭建新

1970年，那年我15岁，却在"文革"中初中毕业了！不知是幸运还是命中注定，我们这届竟然不再升高中，而是直接被分配工作了！我们这届初中生竟然没有下乡，而在之前和之后的中学毕业生都做了下乡知识青年！

记得在当时才阑尾炎手术后不久的我在锣鼓声中走进南京市百货公司采购供应站，由于年纪小，我懵懂地走在最后，进门时耳边听到：这么小……一个比一个小……接下来我被宣布分配到公司的下属部门——南京文化用品批发部做仓库保管员，负责南京及周边五县的文化用品保管和发货工作，每月工资14元，第二年17元，第三年22元。直至工作到第七个年头时，我带薪去读大学时的工资是36元。记得当时比较好的家庭每月人均生活费为9元，我用第一个月的工资给外婆买了一条飞马牌香烟，价格是3元，我亲爱的外婆为此开心得脸上笑开了花。

我的师傅丁兆鑫当时四十多岁，是个忠厚老实的好人，他看到我阑尾炎才开刀不久，并总是不经意地用手去捂右边的刀疤，故所有的重活他都不让我做，我就像一个小尾巴跟在他的身后，在库房里转，他一点一滴地教我发货时货单和货物不出差错的方法——多核对，尤其在货物发出时和采购员提货时要再核对一遍；教我货物批量多箱码放不倒的秘籍；教我零星货物捆扎不散的技巧……但是这样的好景不长，由于他被"隔离审查"了，我就一个人承担了全部的发货和仓库的保管工作。"名师出高徒"，我之后在工作中做到了账与货相符合，账与公司的总平衡之账相符合的零差错，成为公司年轻人的先进典型，这当然和当初丁师傅的培养和教导是分不开的。

由于在该读书的年纪就"被工作"了，刚刚在初中激发起来的读书欲望被压抑甚至埋没了，于是我在空闲时开始写日记，记录工作中的点点滴滴。一次部门领导检查工作，当我带着他们去仓库检查时，有个领导看到了我放在桌上没有来得及收起来的日记，里面有我在一次搬"英雄牌"墨水箱时摔倒后打碎了一瓶墨水时的内疚……加上我负责保管的货物差错率为零，于是我一下成为这批年轻人的先进典型。记得在先进事迹报告会上，我坐在主席台上，头没有抬过一次，轮到我发言时就把稿子念了一遍……之后听师傅们说："可怜啊，坐在主席台上半天头都没有抬一次。"之后工会还把我的"事迹"编成小品在年终大会上表演。不久我加入了共青团。再之后我的工作热情更高，始终保持着"从未出过差错"的记录。

在文化用品批发部独当一面的工作一直就这样顺利进

行着，闲暇时当别人聊天或谈情说爱时我就在看中学的课本，这正应了"机会总是留给有准备之人"的训条，1976年公司有一个推荐上大学的名额，我报名了。当时有20多人报名，考试是写一篇文章，最后我脱颖而出，梦想成真。但是这在当时并没有人羡慕我，他们认为我放弃这么好的公司不值得，毕业后未必可以回来工作，或许会去农村当个老师。尤其是当我入学后利用寒暑假去公司义务参加发假期簿本的劳动时，很多曾经的同事告诉我，公司发了很多东西，包括录像机等高档物品，似乎我吃了大亏。但是我却丝毫没有觉得自己吃亏了。

　　读大学期间，为了报答南京市百货公司采购供应站对我的恩情，一是每年寒暑假我都会到文化用品批发部和搬运工人一起义务发中小学的簿本，那是劳动力很强的技术活，簿本一捆很重，几个人抛传到卡车上，我和搬运工人一起传，感觉就是他们中合格的一员，师傅们都夸我把技术练出来了，膀子练得很粗，身体也练得很棒；二是大学毕业后我放弃去学校和机关工作，主动要求回到采购供应站工作。但是，后来在教育科、计划综合科工作了两年之后，我总感觉有劲无处使，便通过市委财贸部调到了南京财贸干校（如今南京审计大学的前身）。我从班主任到助教、讲师、副教授、教授一直在这所学校工作到退休。当我成为南京审计大学的教授时，王小锡总会高兴地说："小工人也能当好教授。"在我退休后还被学校返聘做教学督导时,他也由衷地为我一生的学术和工作成就点赞。

回顾人生历程,有两件事让我记忆最深刻。一是在20世纪70年代的"童工"经历,其中丁兆鑫师傅的忠厚淳朴对我一生的影响很大。那时人们的物质生活条件虽然差,但是人情味却很浓厚,我结婚时还在采购供应站工作,丁师傅来参加婚礼,送给我5元的贺礼,我一直想之后一定要好好报答他,但是后来我再去找他,他已经退休了,那时人们的家里几乎都没有电话,非常遗憾,没有再联系上他。二是大学同学方根林,是他在我想返回教育部门时,帮助我调到南京财贸干校,感谢他为我开启了人生关键的传奇性的转折!

1970年代是我人生发展的起点和传奇发生的时期,回顾这段人生经历,感慨万千:一是现在的社会就业环境已经彻底变化了,很多年轻人不一定能够理解;二是感谢在我人生发展的关键时刻帮助过我的人,这是终生难忘的;三是感谢王小锡,他的厚道朴实、勤奋顽强以及在与人相处中亦师亦友的品格对我影响很大。1980年代以及之后在南京审计大学教学与学术研究上的艰难奋进,将进一步诉说我的人生,例如"思想道德修养与法律基础"课获得江苏省精品课程;国家社会科学基金项目"财经信用研究""社会主义核心价值观的公民认同培育研究"均为国家规划办的优秀项目。

20世纪70年代有着我们这代人的传奇,我的人生也在这里转折！我从"童工"到大学毕业，直至后来成为南京审计大学教授；在财经信用伦理研究上获得国家社科基金重点项目之后，结项为优秀；先后 2 次获得"江苏省优秀思想政治教育工作者"称号；等等。回顾我的平凡而传奇的一生，心中充满感激。我的 1970 年代，我的人生起点，"丑小鸭"逆袭的 1970 年代！

（2020 年 1 月冬于南京秦淮河畔）

学术批评小札

李志祥

1. 作为一个理性存在物，人生来并无知识，只是凭着本能生存。所有的知识，或者源于后天的生活观察，或者源于外界的知识传授。获得并运用知识，使人高于那些仅受本能支配的动物。处于高等文明中的个体，来自外界传授的知识要远远多于亲自体验的知识。

2. 在童年阶段，人们对于知识的态度以接受型为主。学前、小学和中学阶段的学习都属于这种情形，外界传授什么知识，我们就接受什么知识，自己很少主动生产知识，也很少对外来的知识产生疑问。这一时期的主要获知手段是记忆，以背诵为主的记忆。博闻强记的能力越强，知识也就越多。

3. 随着生活阅历和智识水平的增长，关于知识的困惑开始涌现。一些从外界接受的知识，或者与自己的观察经验有出入，或者与接受的其他知识相冲突。知识矛盾的出现，打破了知识载体对现有知识的迷信，激发了知识主体对外来知识的怀疑。怀疑的结果就是迷茫。面对一些被怀疑的知识，我们不知道它的真假，也不知道是否应该接受。

4. 对一个人来说，生活由无数的行为构成。每一个行为都需要行为者自己做出选择，而指导人类行为选择的只能是知识。对知识的怀疑无助于指导行为选择，只有相对确定的知识才有帮助。知识的确定性从何而来？唯有理性的验证。苏格拉底提出的"辩证法"，就是理性主义哲学传统的认识根基。

5. 在经验观察的基础上，运用理性的方法，对接受的各种知识进行逐一检验，这就是笛卡尔"我思故我在"的实质。以怀疑一切的态度，通过理性的自我省察，筛选头脑中的各类知识，留下具有相对确定性的知识，作为自己生活的知识基础。这是一个自我反省和自我批评的过程，通过这样一个过程，原有的外在知识转化为真正的内在知识。

6. 抽象的理性具有必然的普遍性，但各人的具体理性并非千篇一律。各人理性能力的高低不同，促成了柏拉图设想的"哲学王"——理性能力高的哲学家统治理性能力低的群众。各人理性关注的重点不同，导致了民主派强调的理性协商。大多数人的理性能力不够强大，不足以单凭自身确证真理，从而需要与其他理性存在者进行交流讨论。

7. 学术研究是一种理性思考，一种更为严谨的理性思考。这种严谨的理性思考，要求思考者不是简单基于个人自己的经验观察和理性反思，而是要以前人的学术研究为基础，站在学术研究的最前沿，在既有的学术研究基础上向下言说。至于各种各样的专业术语和专业方法，都只是现代学术分工的历史产物，并不必然构成学术研究的根基。

8. 学术研究的本质是知识创新，是在旧知识的基础上生产新知识。旧知识也曾是新知识，曾经耗费生产者的诸多心智。新知识变成旧知识，是一代代人、一辈辈学者传承积累的产物。旧知识的解释传承，需要学界与外界的交流。新知识的生产创造，更需要学者与学者的讨论。

9. 学术批评是一种非常重要也较为常见的学术交流方式。学术批评不同于普通的学术研究。普通学术的研究对象是问题，或者是实践中的问题，或者是理论中的问题。围绕一个问题，普通学术只需要充分表达和论证自己的思想观点。学术批评的研究对象是学术思想，可以是自己的学术思想，也可以是他人的学术思想。针对作为他者的学术思想，学术批评需要充分阐释和驳斥他人的思想观点。

10. 学术批评以特定的学术思想为研究对象，因而具有一种相对独特的要求，即必须准确把握作为批评对象的学术思想。这是做学术批评的基本前提。不能随意误解批评对象，更不能故意歪曲批评对象。误解是一种无知，歪曲则是一种恶意。误解或歪曲批评对象，学术批评就不再是对他人学术思想的批评，而是对自己虚构学术思想的批评。

11. 在学术批评的历史和现实中，误解或歪曲批评对象的现象经常出现。伊壁鸠鲁的"消极快乐主义"，被长期误读为粗俗的"享乐主义"。马克思、恩格斯的"历史唯物主义",有一段时间被歪曲为庸俗的"吃饭享乐主义"。作为现代价值核心的"自由"概念,总有人将其狭隘地理解为"个人的绝对自由"。经济伦理学界提出的"道德资本"概念,也有学者将其等同于"道德工具主义",甚至是"道德投降主义"。

12. 学术批评在本质上属于学术讨论,学术讨论必须建立在理性的基础上,必须通过说理的方式进行。说理既不是逻辑诡辩,不能采取智者的姿态,用明知错误的方式强词夺理;说理更不是情感宣泄,不能模仿泼妇的精神,用诉诸情感的方式贬低人格;说理也不是政治宣传,不能用意识形态的批评取代学理批评。需要特别说明的是,意识形态批评非常必要,也非常重要,只是意识形态批评不应也无法取代学理批评。学理只能与学理相激荡,无法与其他事物相应答。

13. 常见的学术批评主要有三种形式:一种是书评,一种是学术综论,一种是商榷性论文。

14. 书评是对一本学术著作的综合评价。书评需要分析该著作在学术研究方面的得失特色,进而确定其在学术研究史上的地位。好的书评人当如古龙小说中撰写《兵器谱》的江湖百晓生,也当如金庸小说中能够指点天下武功的王语嫣,既对作者负责,也对读者负责。目前我国的大多数书评,比较流于形式,丢失了书评的本来意义。

15. 学术综论是一种相对独特的学术批评方式,比较常见于研究综述和学术史研究。学术综论往往会涉及诸多学者，也会涉及诸多思想，会对某一学者的某一思想进行相对概括性的评价，比如罗素在其《西方哲学史》中就认为古希腊的智者像"近代的律师"，而斯多葛学派则有"一种酸葡萄的成分"。学术综论虽然有学术评价的成分，但其根本目的不是交流讨论，在本质上是一种学术独语。

16. 商榷性论文是最能体现学术批评精神的一种交流方式。相较于书评和综论的散杂，商榷性论文更为聚焦，基本上围绕一个核心问题展开。聚焦意味着深入透彻。被批评思想的含义、证明及其后果，都可得到充分展示和分析。相比于书评和综论的独语，商榷性论文则有更多对话。被批评者登场，批评者登场，被批评者还可以再登场。就有分歧的问题，双方可以开展批评、辩护以及再批评、再辩护等充分交流。

17. 学术批评的最大难题在于批评者与被批评者之间的关系。批评的前提，是批评者发现了被批评者的某个或某些问题。就此而言，至少在被发现问题这一点上，批评者要比被批评者高明，至少同等高明。否则，批评就不能成立。因此，师傅点评徒弟，老师批评学生，基本上不会引起非议。被学术资历更高、学术能力更强、学术视野更开阔的人批评，对被批评者来说是一种荣幸。

18. 在缺失客观统一评价标准的情况下，大多数人都以自己的主观感受作为评价标准。这种主观感受的心理基础是一种偏见——视自己偏高而视他人偏低。因此，如果评价人没有明显高人一等的学术能力，那么这样的评价通常是不受欢迎的。被学术能力低的人批评对自己来说是一种冒犯，被人冒犯引发的常见心理是恼怒。反过来，顾及他人心理感受的学者不愿意轻易批评他人，很少有学者会主动做一个学术界中的"恶人"。这就是学术批评当前面临的主要阻力。

19. 破解学术批评困局的唯一方法是学术。学术之为学术，是因为它是"学"之术。"学"的基础不是感性和情感，而是理性和智识。感性是特殊的，理性则是普遍的。进行学术批评，必须破除心理障碍和情感障碍，一切以"理"说话。是不是接受一个学术批评，是不是展开一个学术批评，只有一个标准：看这个学术批评是不是有理，是不是合理。讲理，认理，就是学者的根基，也是学术批评得以发展的根基。

20. 尽管如此，学术批评在西方有悠久的传统。苏格拉底以"助产术"开创了西方批判性思维的传统，亚里士多德则以"吾爱吾师，吾更爱真理"推动了西方学术的"离经叛道"之旅，培根、笛卡尔奠定了近代西方思想界的怀疑批判精神。近年来有一部充分体现批评精神的著作——由斯玛特和威廉斯合著的《功利主义：赞成与反对》，该书由相互批判的两个部分构成：斯玛特在前一部分从功利主义的角度维护功利主义的各种观点，威廉斯在后一部分从美德伦理学的角度批判功利主义的各种观点，批评韵味十足。

21. 同样地，学术批评在中国也有悠久的历史。春秋战国时期，儒、法、道、墨等蜂出并作，形成了"百家争鸣"的学术繁荣景象。到了明清之际，在程朱理学和陆王心学为主导的基础上，李贽、黄宗羲、顾炎武、王夫之等掀起了中国早期的启蒙运动。五四新文化运动前后，国内爆发了"新旧思潮之激战"，各种思想流派在学术场中"变幻大王旗"。新中国成立之后，学术讨论从未停歇，五六十年代的美学大讨论、八十年代的价值观大讨论、九十年代的人文精神大讨论、二十一世纪的发展道路大讨论，莫不推动了中国学术的大发展。

22. 总之，新时代中国学术要想百花齐放、繁荣发展，就离不开学术批评，离不开理性的学术批评，离不开针锋相对的学术批评。要批评才有交锋，才有发展的内在动力。

彼 日
芮雅进

彼日，追思过去的时光，同时追寻彼岸世界的光。也许世俗和体制足够强大，强大到无法生成改变它的念头，可是如果你知道青春还剩下不多的时光，你是否还有勇气去坚持一份真实，比如一段高贵的历史，一份真诚的思考。

一、厚生

我母校的前身是金陵女子大学，很长一段时间我无法把她的今生和前身联系起来，有人随便指指随园校区的几栋古建筑楼好像一下子就能联系起来，我却做不到，就像晚年穿着中山装的溥仪站在故宫太和殿前面如此茫然，在我看来这中间好像隔着巨大的历史鸿沟。若要追溯金陵女子大学，还得从民国大学的教育精神开始。金陵女子大学是一所教会办的大学，校训中有一词"厚生"（abundant life），意为"丰盛的生命"。

金陵女子大学在教养方面做得很好，吴贻芳校长看到哪个人进门时把门关得重了，就叫他重新关，她很重视这些细节。那时候学校周围是很安静的，学校显得很典雅，是一个很安静的学府。① 金陵女子大学培养的基本上是一种西方意义上的淑女，用英文讲就是"young lady"。"young lady"就是很尊贵的、很高雅的一种人。

辛亥革命以后的中国大学相对比较独立。"宁静和自由"是威廉·冯·洪堡（Wilhelm von Humboldt, 1767—1835）当年创办德国现代大学时的崇高理想，此后，这一理想几乎被世界上所有高水平大学所秉承。尽管"宁静和自由"的内涵十分丰富，但可简单概括为一句话：大学不仅应当远离尘世喧嚣，还要最大限度地摆脱外在权势的干扰，以使教授和学生们能够不受任何限制地探索和传播真理。那时在中国，新的知识分子也出现了，这些新的知识分子在教育观念上是遵循自由主义的教育的。这种自由主义的教育思想比较尊重个体发展，是一种比较人性化的教育，给每个个体有相对自由的发展空间。以前教会办的女子大学，一般被外界认为培养出来的学生都是去做阔太太的，实际上，据鲁洁先生回忆，金陵女子大学的学生中很多是单身，比如校长吴贻芳先生。这大概和西方自由的女性意识有关。对那个时代的女子来讲，在社会上生存很不容易，结婚以后，多数是要回去做全职太太的，她的学业

---

① 鲁洁：《回望八十年：鲁洁教育口述史》，教育科学出版社2014年版，第121页。

就荒废了，为此，有的想做一番事业的女子就坚持单身。

二、徘徊于狐狸与刺猬之间

刺猬与狐狸是古希腊寓言——"刺猬只知道一件大事，狐狸却知道很多的事"。这个寓言之所以出名，是因为英国思想史家以赛亚·伯林用它来分析思想史上两种不同类型的思想家。刺猬型，热衷建构中心体系，只对关心的问题感兴趣；而狐狸型，擅长发散性思维，追求多重观念，虽自有矛盾。思想家中的这两种学者气质，没有高低之分，好似有人生而为柏拉图，有人生而为亚里士多德，但在人类整体思想史的不同时段彼此又存在着紧张。

在南师大读书的时光里，我读了各种各样的书，其中对我影响最深的是一批民国知识分子所写的东西。从个人的气质来说，我应该更接近狐狸型，对很多问题都感兴趣，如历史、文学、哲学等，其中尤爱历史。可能是专业要求的原因，这两三年我读了太多狐狸型的书，像康德、黑格尔等的著作都是以思维严密、逻辑严谨而见长，我特别羡慕和敬佩这些"刺猬"，但也和这些哲学家渐行渐远，一来我不怎么读得懂他们的著作，二来他们的气质也与我不相投合。我曾在博士阶段给自己提过一个要求，即掌握住他们三分之一的理论，从哲学退回思想，守护好这三分之一的理论田地，内心反而坦然了很多。理论是重要的，这个时代是一个理性的时代，你要说服别人接受你的观点，你就必须有一套理，而且将它表述清楚。但我常常发现这些理或逻辑其实充满了思维上的偏见，我经常可以看到一个学者可以把他自己的东西极其轻松、清楚地表述出来，但如果仔细琢磨一下内容，其实他什么也没说，因为没有一句话是触动人的思维或灵魂的，因此我始终坚持语言得让生活的意义增多，清晰的语言很可能是空的集合。

狐狸的时代危机。现在不要说人文学科和自然科学这两种文化不可通约，就是社会科学和人文学科之间也关系紧张。所谓的狐狸型的启蒙知识分子凭什么再来担当思想导师的使命？凭道德良知？大众的良知未必就比你差，甚至在某些场合比你表现得还好。凭得天独厚的知识？如今在一个知识高度分化的时代，不说不再存在一种所谓普遍化的"元话语"，即使有，也解决不了复杂的具体问题。很多人批评经济学有"经济学帝国主义"，似乎没有量化就不成为科学；而也有人指责搞哲学的人做"象牙塔似的学问"，脱离了古希腊哲学直接面对生活，广场哲学的传统。在这样一个学科高度分工化的时代，作为一只狐狸是很不幸的。因为学科化时代都是要求有"一知"的刺猬，而如果有"多知"的话，反而会被认为"无知"。

三、伦理学向何处去

每个学科中都有一些经典的问题,而这些问题往往得不到根本性的回答。例如在哲学学科中,哲学究竟有没有用?我的回答是,当你问这个问题的时候本身就是哲学。如果我们对"哲学有没有用"这句话进行一些分析的话,我们会发现世界上没有一种物种会像人一样去追问一件东西究竟有没有用,有没有价值。这样的问题只有人才能问出来,人对世界意义和价值的追问是哲学产生的前提,也是哲学最根本的问题之一,同时它也构成了哲学二级学科下伦理学的第一问题。

伦理学是什么?我认为伦理学是一门使人能够生成和实现人的本质,使人能够成为一个人,实现人之为人的学问。人们习惯性地把伦理学认为一套伦理规范,伦理学就是教导人们要遵循这种规范行为,这个可以做,那个不可以做,是对行为的外在束缚。实际上,我认为规范并非伦理学中最核心的部分,伦理学作为哲学的一部分,最核心的还在于它的反思性,即对意义和价值的追求,当然这种意义和价值是关于人的,即使对存在物的价值和意义的追求,这种意义也是内含于人的。因此,伦理学的本质是围绕人而展开,目的是发展人和解放人。所以,中国传统伦理学强调德性的内在超越,不要被一些现成的规范所束缚,这一点或许可以成为中国传统道德哲学走向现代的契机。近代西方的道德启蒙，就是人有可能实现自身的超越而获得自由。有研究表明，伏尔泰、卢梭等人是受了这种中国哲学的影响，我相信是有道理的。对人的问题的认识其实依旧是今天世界上的最根本问题，并不是由于人对科技、人工智能的认识不足，关键是对自身的认识不足，根本问题出现在人自身，即对自己无法超越。

伦理学走向生活。古希腊哲学中有所谓的"四因说"，其中"形式因"和"目的因"最为有名。套用此类说法，伦理学的"形式因"为"可能的生活"，"目的因"为"走向生活的本真"。在个人学术思想的演进中，我逐渐由经济决定论转向了主体的选择和建构。其一，按马克思主义伦理学的主流观点，道德是由经济决定的。当然直到现在我也不否认经济对道德和人的影响，尤其是在市场经济影响下的现代社会，人和道德不能不受其制约，但经济也离不开人的活动；其二，人作为主体，总存在多种生活的可能，经济生活也不例外，在多种生活的可能性面前必然存在选择。因此，人生的意义实际上是主体选择的结果。这里所说的人的主体性，不是源于对世界认识的能力，而是要更加关注人对自己的认识反思与改造能力。[①] 为主体选择的生活，并不是现成地放在那里，好像只要拿来主义，就可以生活得起来。所谓可能的生活，就是按照主体的意志和选

---

① 鲁洁：《回望八十年：鲁洁教育口述史》，教育科学出版社2014年版，第254—256页。

择可能建构起来的生活。科学认识所提供给我们的只能是实然的、超价值性的、具体的知识。而伦理学则是要引导人去对应然的、可能的生活做出选择,它本身就是实然之域突入可能之域的活动,在这种活动中,人的诸种主体因素,如情感、态度、价值观等都在场,它本质上就是寻求意义和价值活动。最后,还是回到我们最初的问题,即对意义和价值的追求是伦理学的第一问题。

"百鸟"何以朝"凤"?
——从《百鸟朝凤》看乡村道德权威与道德评价

王露璐

"百鸟朝凤"一词,旧时喻指君王圣明天下依附,后引申为德高望重者众望所归。换言之,这一成语意指以"百鸟"为代表的"众"对于以"凤凰"为象征的权威的道德认同和依附。影片《百鸟朝凤》的片名,与其说是贯穿影片的一首乐曲,毋宁说,反映的正是中国传统乡村社会道德权威的生成及其强大的作用,以及在乡村市场化、工业化进程中资本逻辑强大作用下此种道德权威的生成与维系所面临的冲击。

正如影片中所叙述的,在无双镇,吹唢呐绝不是单纯的娱乐,其更加重要的意义在于它是对故去者人生的一种道德评价——道德平庸者只能吹两台,中等者可以吹四台,上等者能够吹八台,德高望重者才有资格吹"百鸟朝凤"。换言之,只有生前获得"百鸟"所代表的村庄共同体成员一致认同之"凤凰",方能在死后获得以吹奏"百鸟朝凤"这一乐曲为形式的道德褒奖和无上荣耀。然而,在以农业的工业技术化、农村的城镇化和农民的流动性、市民化为基本内容的乡村社会转型期,这一传统乡村道德评价体系却陷入了双重困境。

第一,道德评价优先?还是经济评价优先?

应当看到,在中外传统思想的价值排序中,道德评价都是优先于经济评价的。亚里士多德曾将善的事物分为三类,即外在的善、灵魂的善和身体的善,每种类型的善事物都配以相应的德目。在他看来,幸福意味着"生活得好或做得好",是对所有善事物的获得,是"最高善",而财富作为"外在善"是多种善事物之一。可见,亚氏明确了财富较之幸福的从属意义和工具价值。而中国传统伦理思想对义利关系的处理,同样以"义以为上""重义轻利""贵义贱利""以义制利"为主流,由此,道德评价也在中国传统伦理思想和道德生活实践中保持着对经济评价的优先地位。换言之,道德德性往往在对个体或社会成就的评价中被赋予一种独立品性并获得相对于经济评价的优先性。

中国传统乡村社会以自给自足的生产方式和生活方式为基本特征,由此,传统村庄在其形成基础、结构特征和指向意义上体现出显著的伦理共同体特征,呈现出一种以道德评价为基础并依系道德权威力量维持的组织结构。在影片中,焦三爷对"百鸟朝凤"有一"拒"一"吹":在金庄查村主任的葬礼上,面对家属的叩求以及"钱不是问题"的允诺前，焦三爷淡然地以"不是钱的问题"为由拒绝，他坚持认为查村主任生前的德性不配享用"百鸟朝凤"；而在火庄窦村主任的葬礼上，焦三爷却不顾自己已经身患重病，亲自吹奏了一首泣血的"百鸟朝凤"。焦三爷的言行，体现的正是传统乡村社会的道德评价优先逻辑。

然而，市场经济的大潮及资本逻辑的强大扩张力，使经济行为的"求利"动机由不雅到正当再到被日渐赋予一种正面意义，进而使以各种数字（收入、利润、GDP等等）为直接表征的经济成就逐渐获得了在个人和社会评价上的价值优先性。而伴随着资本大规模地"进入"乡村，资本逻辑以其扩张性、同质化和意识形态化特征不断削弱乡村道德评价的地位并强化经济评价的优先性，也由此产生了乡村道德评价体系的冲突与矛盾。

第二，何人方能成"凤"？"百鸟"何以朝"凤"？

在传统乡村社会，村庄共同体成员的日常生产与生活基本是在熟人圈中进行的，共同的地域环境和极其相似的生产、生活方式使其天然地形成某些共同的偏好与倾向，产生有意识的共同记忆。并且，人们的道德判断与评价往往经验性地传承于父辈、老师。由此，村庄共同体成员的道德评价标准具有极大的同一性。也正是基于此种道德评价优先的价值次序和评价标准的同一性，乡村道德权威能够得到村庄共同体成员的一致认同。换言之，在这一道德评价体系中，"百鸟"以同一的道德判断和评价标准刻画并推举心目中的"凤"，"凤"则由此获得基于个人德性和魅力的强大道德权威。在影片中，焦三爷及其率领的焦家班之所以获得极大的尊重，并非单纯出自对其唢呐吹奏技艺的肯定，而是更多缘于其具有是否给予死者"百鸟朝凤"这一乡村最高道德荣誉的决定权。并且，正是由于焦三爷始终坚持以"德性"作为唯一的判断标准，以他为代表的唢呐匠才能在乡村社会获得一种超越"匠"而尊为"师"的礼遇。

然而，伴随着乡村市场化进程的不断加快，道德评价的优先性及此种标准的同一性受到了强大的冲击。一方面，乡村生产方式和生活方式的多样化、农村人口流动的加剧和村民异质性的提高，再加上价值多元化趋势对乡村社会的影响，促使传统乡村社会的道德评价标准发生了巨大的变化。村庄共同体成员不再具有同一的道德标准和道德判断，也难以形成共同的权威认同。换言之，"百鸟"难以形成共同的"凤"，乡村社会道德权威的生成和延续方式产生了变化。正如我们在影片中所看到的，失去了作为"道德荣誉"意义的唢呐乐曲，仅仅只是乡村红白喜事上可有可无的背景音乐，由此，唢呐匠也就不再受到"接师礼"的尊贵待遇，而仅仅成为一种一般意义上的市场化职业角色。

值得注意的是，中国传统乡村社会的道德传承与道德教育更多是基于血缘和地缘关系、在共同的生产和生活中进行的道德教化，孩子们自小从长辈那里获得经验性的道德判断与评价，父辈（父亲、师父等）也因此具有无可争议的权威力量。在影片中，天鸣对父亲、师父的无条件服从，正是传统乡村社会中父系权威力量的体现。然而，在乡村市场化进程中，乡村生产生活方式的市场化、人际关系的理性化及个人主体性的增强，使人们的道德认识、情感、意志和行为都受到更为复杂的社会因素的影响。由此，乡村道德传承与教育方式发生了变化，传统的父系权威力量被削弱，焦三爷也无法再依靠自己作为"师父"的权威力量凝聚起被"打工潮"吹散的唢呐班。

在影片中，焦三爷一再对天鸣等徒弟说："无双镇不能没有唢呐。"在影片上映后，"八百里秦川不能没有唢呐"也成为影片引发的热议。然而，我们需要进一步反思与追问的问题是：八百里秦川如何留住唢呐？诚然，八百里秦川不能没有唢呐，但八百里秦川不能仅仅靠情怀留住唢呐。在市场大潮的冲刷下，当丢弃唢呐比守住唢呐获得更高的利益回报时，无论是作为一种独特的文化形式，还是作为一种乡村道德评价的象征，以唢呐为代表的乡村道德文化符号的传承延续，都更需要契合今天乡村生产和生活方式的经济和文化基础。

应当看到，中国传统乡村社会以自给自足的生产方式和相对封闭的生活方式为基本特征，在此基础上产生了具有自身特色的乡村伦理关系和道德生活样式。同时，在中国乡村社会的发展历程中，不同区域的经济发展模式、生产生活方式呈现出十分明显的差异性。从这一意义上说，中国传统乡村伦理文化是由具有丰富多样性的"地方性道德知识"构成的，迄今为止，不同区域的乡村道德生活经验和道德知识依然有着自身的地缘独特性。唢呐，正是"八百里秦川"独特的乡村道德文化符号。然而，伴随着乡村市场化、城镇化进程的加快，资本逻辑的同质性特征不断消解乡村生产、生活方式的多样性和伦理文化的地方性特色，其所导致的新农村建设中"千村一面"的问题，已然引起学术界和社会公众的广泛关注和争议。

从伦理视角看，转型期的中国乡村社会出现了伦理关系和道德生活的巨大变化，也带来了乡村伦理传统理念与现代意识间的种种矛盾和冲突。由此产生的乡村伦理共同体的断裂、乡村伦理文化的流失以及乡村道德评价和道德权威的困境，不仅使仍旧居住在乡村的广大农民产生了诸多道德困惑，也引发了整个社会关于"留住乡愁"的探讨。应当看到，直到今天，乡村仍然是大多数中国农民的生活所在地，而乡村独特的地方性道德知识和文化符号，更为大多数国民剪不断的"乡愁"所系，是转型期乡村发展和乡村治理不可或缺的道德文化资源。正如习近平同志所强调的："新农村建设一定要走符合农村实际的路子,遵循乡村自身发展规律,充分体现农村特点,注意乡土味道,保留乡村风貌,留得住青山绿水,记得住乡愁。"因此,充分认识到乡村发展的地方性特色,关注和利用作为村庄独特文化资源的地方性道德知识和文化符号,既是"美丽乡村"建设的题中之义,也是重建村庄共同体道德评价和道德权威的有效路径。

(原文刊发于《中国社会科学报》2016年6月28日,略有改动)

道德视角下的"囚徒困境"博弈论

王小锡

由囚徒困境及其引申出的博弈论及均衡理论,左右着人们对经济活动的理解和认知,以及学界对经济活动本质的思考。其实,离开了必要的道德研判,它就是一个存在一定逻辑问题的虚构故事,无助于人们参与正常的经济活动或开展理性的经济竞争与合作。

1. "囚徒困境"与"纳什均衡点"

"囚徒困境",原文为 the Prisoner's Dilemma,又被译为囚犯的两难、囚犯难题等,大约在 1950 年首先是由社会心理学家梅里尔·M. 弗勒德(Merril M. Flood)和经济学家梅尔文·德雷希尔(Melvin Dresher)提出来的,后来由诺贝尔经济学奖获得者的导师艾伯特·W. 塔克(Albert W. Tucker)明确地叙述了这种"困境"。后来纳什有两篇关于非合作博弈的重要文章分别发表于 1950 年和 1951 年。塔克的这项工作同纳什的著作一起被认为基本上奠定了现代非合作博弈论的基石。因此,囚徒困境的重要性自然不言而喻。①

　　囚徒困境作为博弈论中的一个经典范例，渐渐为经济学、哲学、伦理学和管理学等诸多学科的研究所重视，一些学者把囚徒困境之博弈理论视作理解和指导当代经济活动的重要理论依据，更有甚者把它作为企业竞争中必须考量和选择的博弈"圣典"。冷静地审视这一学术现象，其基本研究理路启发人们深入研究相关经济现象具有特殊的意义。但是，在经济学领域，近年来热衷于囚徒困境的博弈理论的研究者们，思想偏颇，似乎唯有这一理论才能说明经济领域的竞争状况及其激烈程度。有人搞经济理论学术研究言必称"囚徒困境"，甚至认为，经济学研究者如果不涉及该理论，就无异于是徘徊在真正的学术殿堂大门之外的"门外汉"，无法进行真正的、高水平的学术对话。其实，在经济伦理的视阈下，囚徒困境的博弈理论是极具功利色彩的、信息极不对称的、非合作性的处于"生人圈"之中的经济竞争理论。因此，唯有对其局限性加以揭示，并厘清其适用范围，还囚徒困境的博弈理论以本来面目，才能使我们能够最大程度地利用囚徒困境的博弈理论来进行经济理论及其相关理论研究，开辟囚徒困境的博弈理论以往所未涉足的理论"空场"，并为走出囚徒困境的道德理路指明方向。

---

① 参见李伯聪、李军：《关于囚徒困境的几个问题》，载《自然辩证法通讯》1996年第4期。

囚徒困境的故事讲的是两个具有犯罪嫌疑的囚犯甲、乙，被警察分别关在了两个隔离的房间中，警察对这两个囚犯分别进行审讯。在审讯中，警察向他们分别提供了三个选项，并让他们做出选择：第一，若他们中的一个坦白了事实真相，那么坦白的将被无罪释放，而没坦白的将被判 10 年刑；第二，若他们都坦白了，那么他们都将被判 5 年刑；第三，若他们都不坦白，那么他们都将被判 1 年刑。假设充分保障囚犯的决策权，让他们选择对自己最有利的行为方式，结果发现他们都坦白了事实的真相，于是都被判了 5 年刑。

很显然，这对两个囚犯来说并不是最佳的选择，于是构成了所谓的"囚徒困境"，即两个囚犯都试图选择对自己最有利的行为方式，结果却发现陷入了对双方不利的境遇。为什么会导致如此的结果呢？该故事假定两个囚犯本性利己，他们的选择都会把个人利益的最大化作为目标，都会通过严密的利己逻辑推理去追求一个对己的最佳点，即"纳什均衡点"。①

作为囚徒甲，他的推理如下：假如我选择坦白，那么乙要是不坦白，我将被无罪释放，即使他坦白，我也只会被判 5 年刑；假如我选择不坦白，那么乙要是坦白，我将

---

① 故事中的两个囚犯由于无法串供，因此，他们都只是选择对自己最有利的坦白的策略，并因此被判 5 年，这样的情节和结局被称为"纳什均衡"，也被称作"非合作博弈均衡"。

被判 10 年刑，即使乙不坦白，我还是要被判 1 年刑。因此，我不会冒被判 10 年刑的风险而选择不坦白。也就是说，选择坦白对"我"是最佳的。同理，囚徒乙也会做出同样的推理。

由此不难看出，囚徒甲、乙的推理就个人而言是合理的，且是他们各自的最佳选择，这样的选择使两个囚犯陷入了困境。

2. 囚徒困境的道德局限

尽管人们对囚徒困境的故事耳熟能详，尽管囚徒困境故事在经济学等相关学科理论中都被引为经典性的事例，但是，仔细加以考量的话，不难看出，囚徒困境故事因是虚构的情节，故存在明显的道德"漏洞"，而这些"漏洞"恰恰是囚徒困境的局限性之所在。

其一，故事情节中主张纯粹功利或绝对自利，缺乏道德的正向激励行为。[1]一切以"可能的结果"作为犯罪嫌

---

[1] 阿玛蒂亚·森不认为博弈中的纯粹功利或绝对自利的存在，他说："事实上，如果不是自利在我们的选择中起了决定性的作用，正常的经济交易活动就会停止。真正的问题应该在于，是否存在着动机的多元性，或者说，自利是否能成为人类行为的惟一动机。"而且，按照阿玛蒂亚·森的观点，人是自利的，但"人们清楚地理解他们的目标所在，并希望实现自己目标的最大化，但是，由于认识到了成功的相互依赖性，从而关心他人的目标"。因此，"实际上，不仅在无重复的博弈中，而且在无重复的现实生活中，合作行为是经常可见的"。参见阿玛蒂亚·森：《伦理学与经济学》，王宇、王文玉译，商务印书馆 2000 年版，第 24—25、85 页。

疑人坦白与否的依据。按理，故事情节应该从法律和道德角度支持和鼓励坦白，然而，故事始终没有涉及该不该坦白的问题，虽然故事表面上是主张犯罪嫌疑人坦白，但其情节的构思是想要说明坦白与否是一场自私考量的博弈，故犯罪嫌疑人在博弈中选择了坦白。

其二，故事情节中警察对嫌疑人的审讯缺乏法律依据和法律支持。该情节不管在哪个国度和地区，都会认为分开审讯嫌疑人是对的，这是审讯中技术层面的内容。但是，在没有弄清楚案情时就确定某种态度下的刑期，显然是不合法律程序的。同时，按故事情节来看，警察是掌握了嫌疑人的犯罪事实的，因为不管嫌疑人的交代态度如何，都得（至少有一人）被判刑，然而，嫌疑人都坦白则各被判服刑5年，都抵赖则各被判服刑1年，其中一个坦白而另一个抵赖，坦白的可被无罪释放，抵赖的则被判服刑10年。这一推理也没有法律依据，甚至存在着严重的逻辑错误，两者都坦白和都抵赖则服刑年限倒错，一个坦白而另一个抵赖的服刑年限与两者都坦白或都抵赖的有严重不一致。因此，故事情节中的博弈是缺乏必要的道德理性意义上的博弈，实际上非常近似于冒险性的赌博。

其三，故事情节中缺乏任何信任或思想可以转变的意识。囚徒双方都把对方看成同样的、绝对的自私自利者，所以，谁也不愿意承担责任或冒险抵赖。在这个故事里，且不说警察行为有诱导人们趋向功利之意味，两个嫌疑人的举动没有体现博弈中有道德和博弈中应该讲道德的理念。所以，囚徒困境的故事除了主张赌博式的盲目博弈这种苍白的哲理来试图启发人们的行为主张之外，别无他物。基于此，我们可以得出结论，囚徒困境的假设本身存在显见的内在矛盾和问题。

3. 囚徒困境博弈论之道德启迪

囚徒困境博弈论客观上给我们理解经济活动带来不可忽视的道德启迪。

其一，囚徒困境中的均衡理念，尽管是一种假设，但是，在激烈的经济竞争过程中，避免为争取最好但可能招致最冒险的最坏的结果，去争取尽管不是最好但可以是最妥当的结局，不失为一种有意义的均衡。不过，在现实的经济活动中，没有必要把经济竞争设置得如此的信息不对称以致如此复杂，在经济竞争中，绝对的信息不对称或绝对的"老死不相往来"都是绝少的，甚至是不存在的，因此，确认经济行动方案之时，均衡理念最多只是其中的选项之一，而"帕累托最优"、互信基础上的互利双赢或多赢等理念应该成为弥补前述均衡理念的更加具有说服力的不可或缺的常见选项。

其二，囚徒困境是在信息不对称情况下的博弈，博弈者只关注自己的利益，所谓唯利是图，"唯我独尊"。在经济领域的竞争各方不仅不相信任何利益相关者,甚至完全把竞争者当成敌人,这会使任何一方博弈者失去在愿意合作情况下的许多商业资源。同时,很可能导致没有经济信息交换的竞争摩擦,造成无谓的资源消耗和浪费。这不仅影响经济活动的良性有序地运转,损害企业的经济效益,更可能影响人的情绪,伤害人们的感情。唯一可能的良性状态是,竞争者为了在信息不对称的情况下获得成功,会努力奋进,积累能量,发展自身,开拓市场。同时,应该具备"经济人"和"道德人"相统一的理念,一味地闭锁信息,自己也得不到应该得到的信息,唯有尽可能地信息共享,才可能实现更好的竞争效益。

其三,囚徒困境实际上是建立在非合作性基础上的恶性竞争,即只要对我有利,不管别人的利益甚或死活,这是对经济领域中某些极端行为的一种抽象。其实,无合作的绝对的竞争在现代社会是不存在的,囚徒困境所设置的非合作的竞争也不是普遍现象。因此,这种非合作的竞争绝不能够代表一种积极健康、理性社会的主流。不过,它提醒人们,在经济领域,绝对的不合作将是自我封闭、自我孤立,吃亏的是自己。做一些虽于己无利但也于己无害的合作行为,总比绝对的不合作要好。几百年前,甚至连亚当·斯密的"看不见的手"的理念也告诉我们,彻底的功利主义者,尽管他不情愿为他人提供(合作)帮助,但是,他事实上不得不为他人或竞争对手付出虽不愿意付出的付出。所以，经济竞争中的不合作行为是不道德现象。

综上所述，现代经济学中的囚徒困境博弈理论尽管有其价值，但是，由于在此语境中的囚徒困境及纳什均衡是"伦理无涉的"（non-ethical），实际上很难与现实生活的实践场相契合和一致。换言之，置换囚徒困境的语境，把它从人为的"道德缺席"的囚徒困境中拉回到经济伦理学的语境中来，不仅是走出囚徒困境的必要途径，而且是合理诊断和把握现实经济世界的正确理路。

事实上，我们把道德视角引入博弈论，不仅重视道德的外在工具价值，而且更注重其内在理性价值。因此，我们理解和主张的博弈应该是道德博弈，经济博弈应该是道德引领下的经济博弈。所以，博弈论的均衡理论应该与伦理学理论实现应有的"联姻"，实现道德与博弈之间的必要的平衡，达到道德的博弈与均衡之境界，即实现道德博弈和道德均衡。

（本文以题为"经济道德观视阈中的'囚徒困境'博弈论批判"发表于《江苏社会科学》2009年第1期，复印报刊资料《伦理学》2009年第4期全文转载，《新华文摘》2009年第8期全文转载，略有改动）

美之道德与道德之美

郑屹扬

求 索

一位学者学术人生成功的背后,是孜孜不倦的努力与日积月累的坚持。南京师范大学王小锡教授的座右铭正是"用奋斗写人生"。他曾收到一位校友的贺卡,贺词这样写道:"从穷孩子到教授,不亚于从奴隶到将军,这就是一个奇迹!"这既是对他取得成就的赞许,更是对其奋斗经历的敬叹。

奋 斗

王小锡,1951年出生于江苏溧阳的一个农村家庭。年少时,家里6口人挤在20多平方米的茅草屋里,过着"屋外下大雨、屋内漏小雨",靠"预借粮"度日的艰难生活。尽管如此,王小锡仍在"穷读书"中年年保持优异的学习成绩。高中毕业后,他在家乡溧阳城西公社工作了六年,由此经历了许多磨练。

20世纪80年代初,刚刚大学毕业的王小锡决定留在南京师范学院(现南京师范大学)任教。1982年秋,他又被选派进入中国人民大学伦理学高校教师进修班学习,从此与伦理学结下不解之缘。"给我们上课的是罗国杰、许启贤、宋希仁等实力派学者,他们不仅在课堂上对学生进行启发式教学,在课余时间也给学生指导学术,讲解做人的道理,让我们受益匪浅。"

短短一年的进修时间,王小锡备感压力,要掌握的知识太多,如何才能将有限的时间最大化?"我生在农村,欠缺学前教育和文化生活氛围,启蒙先天不足,唯有多奋斗,多勤奋。"本着笨鸟先飞的精神,他每天的任务就是学习、学习再学习,日积月累之中,不知不觉地写下了近10万字的读书笔记,25万字的备课笔记。

在随后的教学和科研中,王小锡一直保持着"挤时间"的习惯。在他看来,时间并不能平白无故地被"挤"出来,正因如此,他经常整夜不眠不休。为了保持清醒的精神状态,他甚至边看书边吃辣椒,用钢针发梳敲打大腿,冬天用冷水洗脸……"每每遇到假期要经得起孤独,任凭山水风光秀美、特色餐饮味好,我独自坐家中阅读、思考、写作。"王小锡回忆,在攻读博士学位时,经常往返于南京与长沙之间,列车上的时间,他都不忍浪费,"有时来回一趟就能看完一两本书,阅读已经成为我的生活常态"。

在担任南京师范大学公共管理学院院长期间，学术和学科平台建设始终是王小锡的业务主旋律，并取得了公认的"大满贯"成就。学院由原来 3 个学院共有 1 个二级学科博士学位授权点，发展到涵盖 15 个二级学科博士学位授权的 2 个二级学科博士授权点；由原来 4 个二级学科硕士学位授权点，发展到 26 个硕士学位授权点，国家重点学科和省级重点、优势学科、重点研究基地等应有尽有。近年来，他作为江苏省优势学科带头人的马克思主义理论学科在教育部评估中获得了"A"级。

创　新

在学术上，王小锡一直坚持"形而上"和"形而下"的结合，力求有自己的理论思维和实践价值。

在伦理学学科建设上，王小锡善于独立思考，他在有关伦理学理论体系构建，尤其是道德概念理解和道德作用等许多问题上，有自己独创的观点，特别是在关于经济伦理及道德资本研究方面更是独树一帜。

20 世纪 90 年代，在西方经济伦理学尚未影响我国之前，王小锡就试图将经济与伦理道德关系的研究朝学科方向发展。为此，他出版了我国第一本研究经济伦理学体系的学术著作《中国经济伦理学》，发表了第一篇学术论文《经济伦理学论纲》，创造性地提出并论证了"道德生产力""道德资本"等范畴，在学术界引起巨大反响。

"有经济必有道德，离开了道德视角，经济不可能被正确地理解和把握。"在王小锡看来，道德是真正认识经济、发展经济的必不可少的基础性甚至核心要素。为此，他多次深入全国各地企业进行调查研究，构建了受到企业界赞誉的"道德资本"的实践与评估指标体系，为企业培育"道德资本"提供了可操作的行动依据。

在强调"走进经典原著，才能弄懂马克思主义"的同时，王小锡始终坚持以马克思主义为指导，坚持从"形而上"到"形而下"的自觉结合，学术观点求新求精。他一直认为，科学的道德就其功能来说，不仅要求人们不断地完善自身，而且要求人们珍惜和完善相互之间的生存关系，促进社会和谐。这种功能应用到生产领域，必然会因人的素质，尤其是道德水平的提高而形成一种不断进取的精神和人际间和谐协作的合力，并因此促使货币和实物资本最大限度地发挥作用和产生效益，使企业因此获得更多的利润。

因此，道德也是资本。

多年来，王小锡的研究成果具体回答了道德资本如何在企业经营过程中作为不可或缺的重要精神资本发挥其价值增值作用的问题。他认为：

第一，道德是提高资本增值能力的重要条件。在资本科学运动的过程中，道德能够通过激活人力资本和有形资本促使价值增值。其一，道德能够通过组织制度的道德化设计以及对人的潜能的激发，盘活有形资产，实现资源的优化配置，从而提高生产效率；其二，道德还可以通过人的主观能动性，不断地物化并渗透在有形资本当中，进而获得企业信誉和核心竞争力，形成资本存量，提高有形资产的附加值；其三，道德能够通过对经济主体品质、素养和境界的提升而激活人力资本，从而成为企业利润增加乃至整个社会财富增长的资本性资源。

第二，道德是生产力精神要素之核心。道德能否成为资本，关键要看道德在经济运行和企业发展中能否产生应有的作用力，形成独特的经济价值。生产力中的人的因素是能动的，也是最为积极和活跃的因素。生产劳动是人的活动和物的因素有机结合的过程，是作为"主观的生产力"和"社会生产力"的实现过程。这就是说，生产力内涵人的精神因素，其中必然包含着人的道德素养和道德能力，这其实是生产力的核心精神要素。因此，道德也是生产力。

第三，道德是人性化产品设计和制造的灵魂。企业靠高质量的产品赢得市场，获取利润。然而，道德是高质量产品的重要保证，即产品的特性，除了科技文化因素外，更重要的还取决于产品的道德性。在一定意义上说，道德是产品设计和制造的灵魂，道德对产品设计和产品质量起着决定性作用。忽视德性甚或缺少道德含量的产品最终会减少甚至失去市场占有率。

第四，道德是缩短单位产品劳动时间的重要依据。当今社会，缩短单位产品（制造某种使用价值）的社会必要劳动时间，实现价值增值，不能忽视道德的独特的重要作用。同样地，企业要获得更多利润和效益，缩短单位产品的个别劳动时间是关键，其中，道德同样起着独特的重要作用。事实上，单位产品个别劳动时间的缩短，在很大程度上依赖于产品制造过程中的道德渗入。企业完全可以因劳动积极性的提高与和谐协作精神的加强而缩短单位产品的个别劳动时间，增强企业产品的市场竞争力。

第五，道德是市场信誉之源。信誉是企业的生命，是企业产品市场占有率不断提高、利润不断增加的重要依靠。然而，企业信誉的获得不仅要靠产品的技术含量和文化品位，还要靠以诚信、责任为核心的企业道德水准。对于企业来说，用户信任度的提高和信任感的持续，往往取决于产品的道德含量和产品售后服务承诺的兑现程度。而企业在赢得市场信誉的同时也能不断扩大市场占有率。

第六，道德是互联网经济生存和发展的前提。企业经营道德在今天的互联网时代显得尤为重要。因为，今天的资本运作不只是实物资本和货币资本的专利，道德资本也不仅仅体现在实物资本和货币资本的精神要素或精神作用上，互联网把现实世界的生产和销售中的各种利益关系"电子化"或"虚拟化"，互联网经济、物联网经济以及智能经济改变着人际关系和人际利益关系的生存和发展模式，使得信誉、公正、平等、理性等道德要求成为利益和利润多寡的重要原因。在互联网和物联网时代，道德作为资本显得十分明显。可以说，不讲道德就不要想赚钱，要想赚钱就必须讲道德。

第七，道德是凝聚企业力量之关键。企业效益和利润的高低取决于企业员工的认同度、忠诚度、劳动积极性和企业凝聚力，而企业员工的认同度、忠诚度、劳动积极性和企业凝聚力又取决于企业对员工的思想、情感、生活、交往等的关注度和关怀度，即决定于体现为人文关怀的企业道德管理水平。这就是说，企业发展并获得良好效益需要"道德基础"和"道德管理"，需要由此而形成的企业凝聚力。

综上所述，道德能够帮助企业获得更多的利润，也足以说明，道德也可以是资本。

当然，王小锡也指出，道德资本或作为资本的道德具有自身的逻辑边界。提出和认同道德资本概念，既不是一种泛道德主义，也不是一种道德万能论，而是指投入生产过程之中作为一种生产要素而客观存在的道德形态，生产活动的场域就是道德资本发挥作用的实际边界。所以，从社会发展的宏观意义上来看，说道德是一种资本，并不是要从道德上来粉饰资本、美化资本，甚或使道德沦为资本增值的伪善工具，而是强调道德可以而且应该为获得更多效益和利润发挥其独特的作用。而且事实上，道德一方面充当资本的盈利手段,另一方面却对资本做"内在评判"。前者强调在正当意义上获取更多的利润;后者是指资本在追逐利润的同时也在客观上塑造着人本身,而这些由于人而被提升了的人类物质方面和精神方面反过来又会内在地成为约束资本负面效应的力量,也即对资本的"内向评判"。在这方面,道德资本的价值目的性较他类资本形态更为突出。这是因为,道德具有服务资本的工具理性,也具有约束资本的价值理性,从而可以促使资本运作趋于理性和正当,避免"资本逻辑"的无度扩张或者资本本性的非理性膨胀。

王小锡还指出,道德资本概念中的"资本"并非马克思使用和论述的经典资本概念,而是"资本一般"视阈下的生产要素资本范畴,即社会道德能够以其特有的引导、规范、制约和协调功能作用于生产过程,促进经济价值增值。因此,从资本的一般概念出发,道德作为影响价值形成与增值的精神因素具有资本属性。换言之,道德资本是体现生产要素资本的概念,是广义资本观下的资本概念。它不同于马克思在政治经济学中作为反映或批判资本主义社会制度和经济关系的本质的资本概念。在马克思主义政治经济学看来,在资本主义私有制条件下,资本不是物,资本是带来剩余价值的价值;资本是经济范畴,更是经济关系范畴,它体现了资产阶级与工人阶级之间的压迫与被压迫、剥削与被剥削的雇佣劳动关系。因此,马克思主义政治经济学中所论及的"资本",其本身就是"不道德"的代名词,王小锡所说的作为"资本一般"的道德资本与被马克思批判的作为"资本特殊"的资本概念并不是一回事。

交　流

作为我国当代经济伦理学领域的开拓者和道德资本论的提出者,王小锡的诸多学术思想被学界同人跟踪研究,不管是赞赏、认同,还是商榷,他的学术研究不断给学界吹来新风,这是难能可贵的。

在几十年的学术生涯中,王小锡先后主持了"中国经济伦理思想通史"(重大)等多项国家社科基金项目,他是马克思主义理论研究和建设工程重大项目"经典作家关于意识形态、先进文化和道德的基本观点研究"的首席专家之一,他作为主要成员参与了中央马克思主义理论研究和建设工程项目《伦理学》《思想道德修养与法律基础》等教材的编写工作。

已故的中国伦理学会名誉会长罗国杰曾说:"从马克思主义出发,小锡同志研究伦理学,尤其是经济伦理学理论的问题,是具有创新意义的。"中国伦理学会会长、清华大学人文学院院长万俊人说:"经济伦理学是当代最为突显和重要的应用伦理学研究领域。王小锡教授躬身其中,耕耘有年,成果斐然,尤其是他提出并努力证成的

'道德资本''道德生产力'等关键性经济伦理学概念，在国内外学界影响甚大。"中山大学章海山教授在发给王小锡的电子邮件中写道："在经济伦理学术上的成就和突破，你始终在伦理学界最前沿，做出了重大的贡献，有力地推动了我国经济伦理的深入研究，无人能及。这不是溢美之词，而是多年来关注的结论。"但在王小锡看来，这不仅是学界的鼓励，更是自己肩头沉甸甸的使命和责任。

"我们做学术，不仅要继承优秀的传统成果，也要吸纳外来的有益思想，更要有构建自身话语权的主动性。"随着我国现代化进程的不断加快，王小锡踏上了一条寻求中国话语体系的学术征程。1996年夏，他第一次出国，随中国伦理学代表团赴韩国开展学术交流。

第一次站在国际舞台上阐述自己的学术理论，王小锡不免有些顾虑。但让他没有想到的是，自己的发言引起了不少学者的兴趣。"演讲结束后，学者们主动和我互动，纷纷希望加强交流。"那一刻，王小锡感到经济伦理学巨大的研究前景，也彻底察觉到构建中国学术话语体系的重要性。

中国哲学社会科学话语体系的特色和优势在于，能在坚持马克思主义的基础上，植根于中国特色社会主义的中国实践，同时，在于对优秀传统文化进行创造性转化和创新性发展。对此，从先秦儒家经济伦理思想到如今市场经济的伦理道德体系，王小锡剖析出中国传统经济伦理思想现代化转变的整个脉络。在其《道德资本与经济伦理》（自选集）一书中，他这样写道："社会主义市场经济不仅仅是一种法制经济，而且也必然是一种重视社会主义道德的经济。"

2011年，国际经济伦理学学术大会在伦敦举行，王小锡与众多国际学术大家同台论道。在会议安排的学术演讲中，他用中国话语、中国风格展示出中国创造的独特的"道德资本观"，让世界目光再次聚焦。

在2016年召开的第六届国际企业、经济学和伦理学学会世界大会（ISBEE）上，王小锡对其独创的"道德资本观"再次进行深入阐释，并受到赞誉。2017年，领导行为学家西松、原日本经营伦理学会会长高桥浩夫等多位国际知名学者与中国学者再聚一堂，进行"道德资本与企业经营"的学术研讨，将道德资本研究推向了更高的学术平台。

在王小锡的学术生涯中，与国际知名学者的交流互动已逐渐成为习惯。美国哲学伦理学家艾伦·吉伯德和经济伦理学家乔治·恩德勒、德国经济伦理学家彼得·科斯诺夫斯基等，都曾与他展开过细致深入的交流。

在学术交流中，王小锡的经济伦理与伦理经济研究，尤其是道德资本理论的探索逐步趋向完备与完善。他的《中国传统经济伦理思想》一书被翻译成韩文出版；《道德资本研究》作为江苏省哲学社会科学规划领导小组经专家评审批准的首批外译著作立项翻译出版，现已被译成英文、日文、塞尔维亚文,在海外出版发行。更可喜的是,《道德资本研究》(英文版)获第十四届输出版优秀图书,《道德资本研究》(塞尔维亚文版)获第十六届输出版优秀图书,《道德资本研究》(英文版)获版权输出奖励计划。近期,《道德资本论》的英文版正式出版,并向全球发行;《道德资本论》的德文版和泰文版也即将在海外出版发行。

"让世界了解我们,让自己走出国门,这是学术交流乃至相互汲取学术营养的最好路径。"在王小锡看来,国际学术交流不仅在于学术信息的互换、学术理念的相互启发,更在于学术风格、学术境界的相互影响。"中国伦理学只有坚持'顶天立地'的学术战略思想,真正体现中国话语、中国风格、中国特色、中国气派,才能真正成为中国哲学社会科学之林的显学。"

责 任

"我首先是一个老师,然后才是一个学者。"王小锡说,教师永远是他的"第一身份",他的"第一责任"就是将学生培养成人、成才,"只有把该传承的传承下去,把年轻人都培养出来,才算不辜负作为教师的使命"。

在王小锡看来,为学和为人是一体的,成才与成人更是一致的,他由此写下了许多"道德箴言":"道德之美乃人生最美之美""自尊、自信、自强;理解、信任、互助,乃立身处事法宝"。在学生们眼中，王小锡的伦理学课就如同人生哲学课，既传授知识，又润泽人心。

在王小锡的课堂上，说话最多的永远不会是他自己。"王老师经常在课堂上和我们讨论为人处世的道理，教我们以德立世的行为准则。"王小锡的学生、南京师范大学博士后陶涛感慨道："王老师的课堂有一种'魔力'，总能激发我们的兴趣以及研究的热情。"

在教学中，王小锡始终坚持"以问为导，寓教于学"。"他就像主持人一般构建出大的框架，然后让学生自己去填充内容。这种模式深受学生们的喜爱与欢迎。"南京师范大学哲学系主任曹孟勤说。

桃李不言，下自成蹊。在几十年的教学生涯中，王小锡始终保持着高昂的学习热情。因为责任，所以专注。他秉持着对学生负责、对学科负责、对社会负责的态度，已经或正在培养的弟子中，副教授、教授、博士生导师大有人在。

在学生们面前，王小锡从不摆架子，他信奉"三人行，必有我师焉"，乐意与学生交流，学生思想观念的闪光点总会引起他的关注。基于此，年近古稀的王小锡在课堂上仍然面容和蔼，精神矍铄。

"美之道德乃世上难得之德，道德之美乃人间最美之美，美之德或德之美乃人生必备之生活要素，需要好好培育。"王小锡总是这样告诫自己。在日常生活中，他乐观豁达、宽厚仁慈，用他自己的话来说就是"尽到努力，顺其自然，修炼德性，善待人生"。

对待学术质疑，王小锡总以谦逊、恭谨、自信的态度与之讨论。年近古稀，他更多了几分从容与镇定。他在《漫谈人生境界》一文中写道："人生境界高低不在事大事小之分。事大事小不是人生境界的分水岭，人生境界体现在对立身处事之应该的认识和践行程度。"

王小锡认为，做人的最高道德境界应是"慎独"，最完美表现是"诚善"。为人处事是一门学问，然"慎独"与"诚善"二者尤不可缺。他反复说："做事、做学问与做人是一致的，在任何时候、任何情况下，首先要做一个厚道之人。"

回想起自己的学术人生，王小锡欣慰地说，他这一辈子有两件幸事：一是培养了一批优秀的弟子，二是形成了在国内乃至国际上有一定影响力的学术研究成果。正是这两件幸事，王小锡道出了一名中国学者的使命和担当。

（原文发表于《光明日报》2019年8月19日，略有改动）